馬克斯・謝勒三論

阿弗德・休慈 著
江日新 譯　　東大圖書公司 印行

國家圖書館出版品預行編目資料

馬克斯・謝勒三論／阿弗德・休慈 (Alfred Schutz)著
；江日新譯--再版--臺北市：東大出版：
三民總經銷，民86
［7］，136面；21公分
附錄：沙特的異我理論
ISBN 957-19-0054-0 (精裝)
ISBN 957-19-0055-9 (平裝)
1.謝勒 (Scheler, Max, 1874-1928)-學識-哲學
2.現象學　3.沙特 (Sartre, Jean-Paul, 1905-
1980)-學識-哲學　I.休慈 (Schutz, Alfred,
1899-1959) 著　II.江日新譯
147.79/826

國際網路位址 http://Sanmin.com.tw

© 馬克斯・謝勒三論
—— 附 論 沙 特

原著者　Alfred Schutz (阿弗德・休慈)
譯　者　江日新
發行人　劉仲文
著作財
產權人　東大圖書股份有限公司
　　　　臺北市復興北路三八六號
發行所　東大圖書股份有限公司
　　　　地　址／臺北市復興北路三八六號
　　　　電　話／五〇〇六六〇〇
　　　　郵　撥／〇一〇七一七五——〇號
印刷所　東大圖書股份有限公司
總經銷　三民書局股份有限公司
門市部　復北店／臺北市復興北路三八六號
　　　　重南店／臺北市重慶南路一段六十一號
初　版　中華民國七十九年一月
再　版　中華民國八十六年三月
編　號　E 14034①
基本定價　肆　元
行政院新聞局登記證局版臺業字第〇一九七號

ISBN 957-19-0054-0 (精裝)

譯　　序

　　本書是由休慈 (Alfred Schutz, 1899-1959) 所撰三篇論馬克斯・謝勒 (Max Scheler, 1874-1928) 的文章爲主體，再另外加上一篇討論沙特 (Jean-Paul Sartre, 1905-1980) 的〈異我理論〉(Theory of the Alter Ego) 的文章構成的。譯者譯述這些文章的本意是爲要在一方面介紹謝勒思想給中文的讀者，另外一方面則想藉此以指出休慈本人的現象學哲學與謝勒的現象學的親緣關係（這一點一直是爲研究現象學的學者，乃至休慈的學生和追隨者所忽視❶。）以及透過謝勒——休慈相互主體性／異我理論的理論構作呈示他們這一發生性關係在面對相互主體性理論的難題上的積極意義。

　　休慈的現象學研究固然在基本上是接準著胡賽爾而來，特別是在有關先驗現象學以及生活世界等論題上。但是在另一方面，謝勒的現象學理念及操作，自休慈的第一著作《社會世界的有意建構》(*Der Sinnhafte Aufbau der Sozialen Welt*, Wien 1932, ²1960/Frankfurt a. M., 1974 袖珍版) 便是他極關注的一個焦點。所以譯者因此認爲休慈並不是因偶然之故而寫作這些文章，並且由於這些文章所談的主題，基本都是屬於其社會存有學的奠基性考慮。故而我們花點時間來詳盡地重新考察這些論題，在我們了解現象學的社會學建構以及個別地對社會本質和現象學本身的把握，當該是具有相當意義和價值吧!？

　　於此譯者想借一些篇幅說明一下，爲何選譯這些文章以編成本

書。首先是因爲同前面所提到一樣，由於休慈的思想與謝勒的許多努力有相當接近之處，並且休慈也著實花過許多時間——特別是在晚年——研析謝勒的思想，所以他雖陸續發表這三篇談謝勒的文章，但是其所了解的深度以及把握上的精到，確是我們很值得一讀的。這三篇構成本書主體的文章中，最早發表的一篇是〈謝勒的相互主體性理論及異我的普遍命題〉(Scheler's Theory of Intersubjectivity and the General Thesis of the Alter Ego)，這篇文章原來發表於一九四二年 *Philosophy and Phenomenological Research* 第 2/3 期合刊的〈謝勒專輯〉上(頁323-347)，後收入其論文集 *Collected Papers I* (The Hague: Martinus Nijhoff, 1962)，頁 150-179 中。

在一九五六年出版的法文書《著名的哲學家》(*Les Philosophes Célèbres, Paris: Lucien Mazenod*) 中，他應負責編輯的著名哲學家麥勞龐蒂 (Maurice Merleau-Ponty) 之邀請，撰寫了 Max Scheler: 1874-1928 一文，此文英文原稿未曾單獨在期刊上先行發表，而直接收錄於他的文集第三冊 *Collected Papers III* (The Hague: Martinus Nijhoff, 1966) 中。

休慈在一九五八年還另外在美國出版的《形而上學評論》(*Review of Metaphysics*) 第二卷第二、三兩期分兩次發表〈謝勒的知識論和倫理學〉(Max Scheler's Epistemology and Ethics I & II, 見該卷頁 304-314 及 486-501)，這篇文章在首次發表時曾略去〈謝勒對康德哲學的批判〉(Scheler's Criticism of Kant's Philosophy) 一段，不過在收入其《文集》第三冊時，編者已將它們編在一起了，譯文所根據的原文卽是用《文集》第三冊中所刊行的稿子作爲底本。

此外這本書還加上了一篇談沙特 (Jean-Paul Sartre) 的文章作爲附錄，其原因乃是爲了讓讀者更能明白休慈所以注意謝勒的緣故。

因為這一篇〈沙特的異我理論〉(Sartre's Theory of the Alter Ego,
發表於一九四八年 *Philosophy and Phenomenological Research*
第九卷第二期，頁 181-199) 正是接著一九四二年討論謝勒的異我理
論的繼續。另外照選入論沙特這一篇文章的想法，本來當該把另一篇
有關胡賽爾的文章〈胡賽爾的先驗的相互主觀性的問題〉(Das Pro-
blem der transzendentalen Intersubjektivität bei Husserl, 刊於
Philosophische Rundschau V (1957)，頁 81-107) 也一併收入。
這本書沒有將它收入的原因乃是以為：休慈的現象學的社會學與胡賽
爾有極密切的關係，而且他也寫了許多篇直接論述胡賽爾的文章，也
許最好是將這些文章編譯在一起，所以就把這篇文章留下不譯編入本
書中。

　　至於本書編輯的原則，首先〈馬克斯・謝勒的哲學〉是一篇泛論
性的簡介，可以提供我們一個關於謝勒的大致輪廓，所以擺在最前
面。其次〈謝勒的知識論和倫理學〉一文則系統地介紹了謝勒思想上
的幾個重點，我們把它擺在第二篇。第三篇〈謝勒的相互主體性理論
及異我的普遍命題〉則是一篇深入的專論，所以擺在最後。至於〈沙
特的異我理論〉一文是為補充第三篇，不過這本小書的著重點是在譯
述休慈對謝勒的詮釋，因此我們把它當作附錄地編入本書。

　　最後譯者還必須說明的是，由於休慈本人沒有依照嚴格的學院寫
作方式來寫這些論文，因此譯者鑒於我國讀者對此領域的不熟悉，加
上了許多註釋，凡由譯者加進去的註釋，譯者都標上〔譯註〕記號以
示負責。

　　　　　　　　　　　　　　　　　　一九八九年序於西德客寓

註　　釋

❶例如 Helmut R. Wagner 在其所撰的休慈傳記中雖提到休慈晚年曾專注地研究謝勒著作，但卻沒有再深入論述休慈與謝勒思想上的可能銜接。至於其他作者則更是不曾提及或無知。 參見 Helmut R. Wagner, *Alfred Schutz*, Chicago-London: The University of Chicago Press, 1983。另外同一作者所輯編的讀本， 也未見有收入關於異我認識或相互主體性的條目。 參見 Alfred Schutz, *On Phenomelogy and Social Relations*, edited and with an Introduction by Helmut R. Wagner, Chicago-London: The University of Chicago Press, 1970.

馬克斯・謝勒三論（附論沙特）

目　次

譯　序

第一章　馬克斯・謝勒的哲學……………………………… 1

第二章　謝勒的知識論和倫理學

一、謝勒的知識論……………………………………………21
　　（一）謝勒與現象學………………………………………21
　　（二）三種「事實」說……………………………………23
　　（三）三種知識……………………………………………26
　　（四）謝勒對康德哲學的批判……………………………31

二、謝勒的倫理學……………………………………………40
　　（一）價值作爲諸情感所意向的對象……………………40
　　（二）價值領域……………………………………………44
　　（三）道德的價值及應然…………………………………47
　　（四）規範之經驗的相對性………………………………48
　　（五）人格…………………………………………………51

第三章 謝勒的相互主體性理論及異我的普遍命題

一、謝勒對於人的概念……………………………………69

二、謝勒的人格概念………………………………………72

三、謝勒的相互主體性理論………………………………75

　　（一）所牽涉到的問題…………………………………75

　　（二）推導與移情………………………………………78

　　（三）謝勒關於異我之知覺的理論……………………81

四、批判的考察……………………………………………84

　　（一）相互主體性作為一種先驗的問題………………84

　　（三）相互主體性作為一種塵世的問題………………87

五、異我的普遍命題及其時間結構………………………91

六、異我的知覺……………………………………………94

七、關於相互主體性之視野的問題………………………96

附論：沙特的異我理論

一、沙特對相互主體性的實在論取向及唯心論取向的批判… 107

二、沙特對胡賽爾、黑格爾及海德格的批判…………… 110

　　（一）胡賽爾…………………………………………… 110

　　（二）黑格爾…………………………………………… 112

　　（三）海德格…………………………………………… 114

三、沙特自己關於其他人存在的理論…………………… 115

四、沙特的軀體理論……………………………………… 119

五、論胡賽爾關於其他人的理論……………………………… 123

六、對於沙特自己的理論的批判考察…………………………… 126

第一章　馬克斯・謝勒的哲學

　　一九二八年馬克斯・謝勒突然以僅五十四歲之齡過世，他的朋友奧德嘉・伊・噶塞 (Ortegay Gasset) 寫了一篇文情並茂的誄辭紀念他❶。 他是胡賽爾 (Husserl) 現象學所成就能讓人接受之本質直觀 (eidetic intuition)新樂園中的第一位天才──亞當，是第一個所有事物（連最平常的也一樣）將其本質及意義展現給他的人。這些事物如清晨山峰的分明輪廓在曙光中展現給他，因此，他被淹沒在豐盛的新發現中。 而他則必須宣告這許多讓他逡巡不定、張皇於認知、酣醉於明澈性和真理中的澄澈概念。 他真正是柏拉圖所謂的 「狂熱的」(enthusiastic)哲學家。然而他的心靈一直過著急燥的生活，而就是為了這個原因，他的著作表現出清晰而又無秩序兩個特色，由於沒有組織和結構，他的著作充滿許多不連貫，而未來的世代的責任可能就是要為他的思想補上所缺的架構和秩序。

　　尼可拉・哈特曼(Nicolai Hartmann)也以同樣的方式描寫謝勒❷。生活不是他哲學工作的主題，但他的哲學卻是出自於他生令的完成。他並不希望以哲學系統建構所能提供的那種以人為方式予以統一的視點 (perspective) 來具現生活。 他承受每一個他在特殊動力中所發現的問題，分析它的特殊邏輯，展示它的特殊含意，並追索所有這些特

殊性的根源，而不去管系統性統一的烏托邦預設。因而他連著所有內在的不一致性與他所發現的世界一併接受下來，他並且還允許這些不一致性依其本來面貌出現。就其為一個人，一個思想家，謝勒總是準備重新開始、重新學習。

倘若我們注意這一種胚心靈(seminal mind)所研究的諸多學門，那麼上述兩位當代著名哲學家對謝勒著作的評價，我們當很能了解。他仍在編輯中的《全集》共有十三巨冊，其中四冊收的是遺稿❸。他所捷足先登的領域在我們這時代中是獨一無二的。他探討的問題包括理論生物學、心理學、及物理學。當他最富創造力的時期中，他衷心興趣的是知識論、倫理學、宗教哲學、及情緒生活的現象學。然而後來，他愈來愈涉入到社會 (society) 及實在界 (reality) 的存有學問題：他為新創的知識社會學 (sociology of knowledge)──亦即知識與管制人類物質及精神生活的因素之關係──奠定基礎。在他事業將結束之際，謝勒計劃將他的思想綜述成兩本書❹，其中，一本討論形而上學，另一本討論哲學人類學。關於後一本只有一簡略討論人在宇宙中的地位的導論在他生前出版❺。

大部分研究謝勒的學者都把他的思想發展分為幾個階段。首先，他是精神生活哲學家倭伊鏗 (Rudolf Eucken) 的入室弟子❻。倭伊鏗將他所崇仰的聖奧古斯丁 (St. Augustin) 和巴斯卡 (Pascal) 灌輸給他的學生，尼采 (Nietzsche)、狄爾泰 (Dilthey)、柏格森 (Bergson)，特別是胡賽爾對他有很深的影響。胡賽爾的範疇直觀 (categorical intuition) 理論、本質方法 (eidetic method)、及其理想對象 (ideal objects) 的學說──雖然受到相當不正統的解釋──在謝勒手中成了探索情緒及價值兩領域非常有利的工具。謝勒在皈依天主教而成為一位信仰堅貞的基督徒後，他變成一位人格主義者 (personalist)

和有神論者；然而當他對於神的概念和對宗教的態度遭經澈底的改變後，他關於宗教哲學的書就很難出版。而這一個改變也使得所有研究他的人感到無所措手，且招致如史達克（W. Stark）說謝勒「叛變」❼。這種轉變並不單是由於人格經驗上的結果，或如馬利旦（Jacques Maritain）所認為是由於信仰危機的結果❽。這件事更應該是他生平上對於人類處境（human condition）相對主義結構的社會學洞見與他對絕對價值存在（包括在活動中啟示祂自己的人格神）的信仰之衝突的結果。在這一最後、泛神信仰的階段中，謝勒認為世界歷史的發展是從非邏輯而盲目的生命衝動走向價值及精神存在領域中人類命運的實現。於是，這一歷程對他來說是神靈力量的展現，神在世間的化現❾。

　　在下列一些簡略且很不完整有關謝勒主要思想動機的梗概中，我準備一步一步順著這一卓絕心靈的發展溯尋。我的目的極願展示少許他的基本理論，關於這些理論，我認為並沒有他同時代人所發現那麼不一致。為要如此做，我必須感謝謝勒最具天分的入室弟子，即在法國一直沒有被遺忘的藍德斯貝格（Paul L. Landsberg）❿教授的著作，以及最著名的德國天主教哲學家鄧普夫（Alois Dempf）⓫教授在其兩本名著《哲學人類學》及《科學的統一》中所做的解釋。這兩位學者的研究至少部分補足了奧德嘉‧伊‧噶塞所提希望未來世代能展現出謝勒哲學的內在秩序和架構的呼籲。很不幸地，我所選擇的討論程序必須略去一些他最具代表性的成就，諸如對憤懣(resentment)、懊悔、謙恭、以及羞恥感，我們的知識的實效動機的分析，尤其是他在有神論時期的宗教經驗哲學⓬。

　　謝勒的中心問題是關於人類存在以及人在宇宙中的地位的問題。人發現到自己處在一個漫無邊際的世界中，他並不只是一位旁觀者，而是生活在這個世界中並且與世界正相照面。根據影響謝勒很深的余

克斯屈勒 (Uexküll)❸ 和杜里舒 (Driesch)❹ 所發展的理論生物學的發現，每一個種 (species) 都有其自己特殊的方式以組織它對其環境 (milieu) 的經驗。謝勒的問題分爲兩層：首先，他希望說明人正就是有機生命總體中的一種，人以一種特殊有組織的方式經驗這個世界，然後再以人們所接受的生物進化理論解釋人類的存在；其次，他希望證明，人與所有其他生物對比看來，在某種程度上是獨立於其環境，而且還能將環境轉變成一種 「世界」。 謝勒將心靈存在 (psychical existence) 分成五個相互連關的層次❺：

1.植物的營生生命 (vegetative life)，在這一情緒衝動中沒有意識，甚至也沒有感官和知覺。

2.本能行爲 (instinctive behavior) 的階層， 是低級動物的特徵，其所以有意義是因爲這一層次指向一種目的，亦卽是指向環境的特殊因素。 這一層次不依賴於爲了成就而必須去做的企圖， 也就是說，它從開始就是現成的。

3.聯想記憶 (associative memory)、 制約反射 (conditioned reflexes) 的階層，這一階層與在嘗試數量的遞增中所做測試的行爲，以及根據成功失敗原則和形成習慣與傳統的能力之行爲正相對應。

4.實踐智慧 (practical intelligence)， 不依靠先前嘗試而在新情況中能自發且合適的行爲階層。這種行爲預設了對環境及環境因素之相關性的洞見，並由此而有創造性的（非單純複製的）思想之洞見，能夠預想以前從未曾體驗的事態，並掌握諸如「相似」、「類似」、「獲取某些東西的方法」等等之能力。人性的領域可屬之於生命，它的心靈生命 (psychical life) 也表現出衝動、 本能、 聯想記憶、 智慧、以及選擇，人分別參與以上所舉全部四個有機生命的領域。

5.但是人還具有別樣的東西， 他不但具有心靈 (psyche)， 並且

也有精神 (spirit)。 精神不是一種生命現象，也不是得自於進化；它更像是與生命及生命的各種表現站在相反的位置。精神 (Geist) 不但包括有「理性」這種以觀念來思考的能力的工具；並且也有直觀本質 (Wesengehalten) 和一些如善意、愛、懊悔等意志及情緒活動的能力。謝勒稱聯關著心或精神層面的活動中心為「人格」(Person)⓰，而且，此一人格必須與他稱為「心靈中心」(psychical centers) 的其他生命中心分別開來。

心的領域是自由的領域：亦即不依賴於機體生命的自由，不受衝動束縛的自由，還有不受動物所深陷的環境束縛的自由。人能夠對生命及其生命衝動說「不」字⓱。人能操縱衝動到某些方向並引導它們。相反地，動物將其環境體驗成抗拒和反應中心的系統，動物携搬這種環境結構，正如蝸牛到處都要背負它的殼一般；但是人的心以及「人格」則具有將這些環境的抗拒中心轉變成「客體」(objects)，以及將封閉的「環境」本身轉變成開放的「世界」的能力⓲。不同於動物，人類也能對於其自己之物理的、心理的經驗加以客體化。動物會聽會看，但不知道是什麼；它甚至完全根據其環境中事物所發出的吸引力和嫌惡來經驗其衝動。 是故，動物有意識，但沒有自我意識；它不是自己的主人。 然而，人是唯一能夠成全其為自己，並且還能超越世界，甚至超越自己的存有者。他之所以能夠如此，是因為他不但有靈魂 (anima)，並且也有「人格」(Person)——亦即有康德先驗統覺 (transcendental apperception) 理論之意義下的「認知的人格」(persona cogitans)，而「認知活動」(cogitare) 成了所有可能內在及外在經驗的條件。然而，這點還蘊含著心及其相關物——「人格」(the person) 根本上是不能客體化的。

根據謝勒的看法，「人格」及「行動」不可分地相連在一起。人

格不是行動的一個空洞的出發點，它只有存在和生活於意向活動的實現中。這些活動包括有感覺、嗜好、愛、恨、景從、認可、拒絕等，這些活動且都與價值有關。然而這些活動不但是價值感，並且也是揭顯價值的活動。胡賽爾曾指出有一類完全獨立於認知主體而與實際客體一樣的理想知識對象。謝勒將這種洞見當作一條新路徑，用以通到尼采相對主義及康德形式主義兩者都不能接受的領域中去，亦卽他把它用到揭顯具體價值領域中去。對於謝勒來說，價值是感覺的意向對象 (intentionale Gegenstände des Fühlens)，但就其本身來說則完全不同於感覺自身的狀態。價值是先天的、客觀的、永恒且不變的。它們在視覺中，並經由視覺而給予我們。以價值為對象的知覺模態以及價值間的永恒秩序都是超越於理智的掌握之外，理智對於價值宛如耳朵無法看到顏色一樣。心靈的情緒面並不建立在邏輯推論上，並且要完全獨立於邏輯地為倫理學所接受。謝勒跟著巴斯卡 (Pascal)[19] 主張一種天生就有的先天的「心的秩序」(ordre du coeur) 或稱「心的邏輯」(logique du coeur)。

　　謝勒稱他的基本立場為一種倫理學的絕對主義、客觀主義，並強調這種主義也可以在性質上稱為一種情緒的直覺主義 (emotional intuitivism) 和具體的先天主義 (concrete apriorism, 德文 materialer Aporismus〔實質的先天主義〕)。無論如何，它是一種嚴格的人格主義理論。這一觀點與康德的倫理學形式主義正相反對，然而很可惜地，在本文的結構中我們無法討論謝勒對康德所唱的反調[20]。我們也無法詳細討論謝勒對價值相對主義的批判[21]。謝勒承認，永恒而不變的價值領域只以某時代特有的面貌出現在每一個社會和每一歷史階段中。這種情形是因為整個價值宇宙只有某一特別部位能夠從某一特別有利的位置看到，因此我們不當說是相對主義，而當說是價值的視點

(perspectivism of values)。

　　謝勒的既爲客觀且也可區分的價值模態階層理論❷，在他的哲學取向上具有決定性的重要。最低的階層是滿足於對我們的行動爲有用的快適價值 (pleasure-values)；其次是生命價值 (life-values)，亦卽是高貴和健康的價值，這種價值是出自於感官與心靈、肉體與精神間的掙扎；然後是精神價值 (spiritual values)，這種價值包含善 (goodness) 和美 (beauty)；最後是聖(holiness)、虔敬(reverence)、謙恭 (humility) 的神聖價值。由此明顯地可以看出，謝勒的「人在宇宙中的地位」的觀念是怎樣地與其價值階層理論連在一起。人之參與各種有機生命層次以及他做爲一個具有人格的存在決定了所必須滿足的要求：他在生命和智識上的需要，以及他指向救援的精神需要。

　　謝勒完全明白他在倫理學中所發展出來的價值模態秩序 (the order of the modes of value) 這種發明，對於他整個哲學思想很具決定性。它刺激他做更進一步的研究，並找出其有關愛的模式、認知形式、生命力與社會文化生活間的關係等理論的對應學說。

　　根據謝勒的看法，愛是種運動 (movement)❷，在這種運動中，每一種擁有價值且具體的個別對象達成了與其本性能共處的最高價值。他根據由衝動而來的愛來批判唯物主義的理論，這種愛不但在智識上盲目，並且在價值上也是盲目的。衝動的本能系統只對被愛的價值之選擇的處理負責，而不對愛的行動本身負責。並由於所有行動可以劃分爲肉體的生命行動、純粹地自我心靈活動，以及人格的精神活動，因而我們亦有三種形式的愛：生命或激情的愛、個體自我的心靈愛，以及人格的精神愛。這些情緒活動的形式對於一些特別的價值也有一種本質上的指涉：生命活動指涉到榮貴 (the noble) 的價值，心靈活動指涉到知識和美的價值（卽文化價值），而精神活動則指涉於

聖的價值。僅只有愉悅價值的東西，它只會引發一種享受感，而不會引發愛。在談到這些話時，謝勒述及了馬勒布朗士 (Malbranche) 的《眞理研究》(*Recherche de la varité*)❷。

　　然而去愛一位具有人格的同胞手足，意卽是愛他爲一位不同於我自己且能自主的人類。黏附在物理上、肉體上、以及心靈上的價值經常是客觀地給予我們。然而，人格性的終極道德價值，只有在我們自己與其他人格的愛的行動連起來時才揭顯給我們。不管怎樣的態度，只要我們繼續對其中一些加以客觀化，那麼他的人格性就逃離我們的掌握。我們必須愛他所愛，並且跟他一起愛。所有的愛喚出一個愛的回應，並因而引出一種新的道德價值。而這卽是謝勒所稱「所有道德存有的團結原理」(principle of the solidarity of all moral beings)❷的原理根基。在考慮這些道德存有的個別道德價值下，它含蘊著對全體來說每一種道德價值在根本上都是可答應的 (answerable)， 並且對個別的來說，整體也是可以答應的。他們每一個必然都要譴責其他人的罪愆，而且每一個人一開始就與其他各種道德價值有關。

　　謝勒的相互主體性理論與他的人類學看法和人格主義也有密切的關係。他在《同情的本質及形式》中最出色的一章，駁斥當代兩種想解釋我們之理解「他心」(other mind) 的理論，亦卽駁斥所謂類比推論和神入(empathy)推論。我們於此無法詳細述說謝勒的論證❷。根據他的看法，這兩種理論是出自於兩種古來就有的關於心身關係的形而上學假設：兩實體交互影響理論及心物平行論(psycho-physical paral-lelism)。但是這兩種形而上學假設甚至排除掉我感受其他人經驗的可能性。它們將人局限於心理的牢籠中，在這牢籠中，人必須等待地盼望形而上學的因果關係會魔術般地投射到它的牆壁上。其所以如此乃是因爲這兩個理論把肉體的角色誤解爲我們所有內外知覺內容的揀選

者和分析者。 謝勒關於理解他人的理論， 他稱之爲 「異我之知覺理論」 (Wahrnehmungstheorie des fremden Ich)， 並駁斥那種認爲我們只是知覺他人肉體及行動的假說。我們不僅是知覺他人的自我或靈魂而已，我們所知覺的是整合的總體，但這種整合總體的直觀內容並不能以內在或外在知覺而直接得到解決。我們的確從他人的笑知覺到他的愉悅， 從他的眼淚知覺到他的痛苦， 從他面紅耳赤知覺到他的羞愧， 從他合掌知覺到他在祈禱，以及從他說話的聲音中知道他的思想。他人的肉體和姿態展現出人相學單元 (physiognomical unit) 的結構。 對他人唯一不能直接由知覺把握的經驗範疇就是他人對其肉體、器官、及感覺的經驗。而事實上，這些肉體上的感覺正是造成人與其他人的分界所在。在人只生活於他的軀體感覺時，他不會找到任何通往異我的生活的門徑。 只有在他把自己當作一人格 (Person) 而擡高到他純營生命之上時， 他才能有對別人的經驗。 然而如我們所見， 人格及其行動永不能被客觀化的情形正是謝勒的主要原理之一。因而其他人格的活動只能在共演 (co-performing)、 預演 (pre-performing) 或再演 (re-performing) 它們時被加以掌握。

謝勒曾藉其有關各種知識及知識階層的理論來補充其價值理論階層。 鄧普夫 (Dempf) 在這一發現中看出它是謝勒最重要的成就之一。

人能够有三層次的知識❷： 卽用以支配或實踐的知識；本質或文化的知識；用以贖救人類的形而上學知識，它們每一種都分別擔任了部分存有領域的轉形 (transformation)：它們不是事物存有的轉形，就是人類文化的轉形，或者是絕對的轉形。

實踐的知識提供我們控制自然及社會的潛在技術力量。這卽是實證科學的知識，它的目標旨在特殊的現象時空脈絡中找出律則來。這

些律則的知識將可以保證我們對世界和吾人自身的支配，而它們的發現則是經由我們的觀察和衡判，並且它們也是根據於我們感官作用的實作和由我們的需要驅力系統所刺激而來的。

第二種知識形式是亞里士多德所稱「第一哲學」(prima philosophia) 的知識，也就是關於存有形態及任何存在物之本質 結構 的知識。與第一種知識形式相比，這種研究在方法上不重視偶然的時空定位及偶然的事物特質。它嘗試要回答底下這樣的問題：什麼是世界？什麼是動物？在不變的結構中，人的本質是什麼？同樣地還有：思想是什麼？愛是什麼？——所有這些都各自地爲各個人類的具體的（並因而也是偶然的）意識流，而且上述諸種行動正就在這種意識流中出現。這種知識旨在最大可能上取消所有受衝動決定和受需要刺激的行爲。本質的知識雖不獨立於任何經驗之外，但它獨立於累積經驗（或所謂歸納法）的量之外。因此，它超越於實際世界這一極爲窄小的空間之外，並且還把存有本身 (being itself) 看成是爲己 (for itself) 和在己 (in itself) 的。然而實踐的知識是智慧的功能 (function)，本質的知識則爲理性的功能。

第三種知識形式稱爲「後設人類學」(meta-anthropology) 也許比稱爲形而上學 (metaphysics) 更好。事實上，對於人之本質只有以哲學人類學來考慮，然後所有事物的最高根源——卽上帝——才能以超越地推論方式 (transzendental Schluβweise) 展現。根本地說，人是個小宇宙 (microcosm)，在其中各種存有領域（例如物理的、化學的、有生命的精神存有）聚集一起，人因而也能够獲得神的知識而爲大宇宙 (macrocosm) 的至高根源。換句話說，作爲「小神」(microtheos) 的人也是第一個接近於神的存有。

這三種知識以一種客觀的秩序排列，並且對應於各種價值秩序、

愛的秩序 (ordo amoris)，以及人性結構。從支配性的知識出來，也就是從要在實際上改變世界和我們在其中所做出的表現的知識出來，我們昇進入文化的知識。藉由此晉昇，我們擴大了內在於我們之中的精神人格之存有和存在，而成為一個小宇宙，並嘗試以我們獨一無二的個體參予於世界的整體中去（至少是參予其本質結構）。我們從文化知識再次昇至救贖的知識，在這種救贖的知識中，我們嘗試以我們人格最內在的核心參予於一切事物的最高存有根源中去。

這裏每一種知識形式都有一種人格類型作為代表，實踐知識由科學家和技師代表，文化知識由賢者代表，形而上學知識由宗敎人 (homo religiosus) 或聖徒代表。有時候在某些偉大文化中特別興盛某種特別的知識類型。例如在印度，知識是為求救贖，在中國和希臘則為文化的知識，在西方（從十二世紀初起）則是為求支配權的實證科學知識。

然而我們在謝勒系統中不但發現到在倫理價值階層秩序與知識形式間有相互對應的關係，並且這兩者在其所謂生命勢力（Lebens-mächte）階層與人類參予社會的模式間也相互對應。這是謝勒對知識社會學基礎所做著名貢獻的出發點。

知識與社會生活間有三種基本關係：第一，任何相屬、相理解並分享構成羣體本身的共同價值和目標。其次，這種共同價值和目標的知識並且還在各個方面決定特殊社會團體的特殊形相。第三，相反地所有知識在某種程度上是由社會團體及其結構所決定。

謝勒的看法既不認為知識內容是由社會決定，也不認為知識的有效性要由社會決定，而是認為知識對象的選擇是由流行於特定團體中的社會意願共同決定的（而不是專由一方決定）。每一特定團體都分享一部分真知灼見，這種真知灼見被認為是絕無問題，並且人們也相

信它是既無需合法化， 也沒有人能加以證成。 謝勒稱這些被認爲是真實不虛的全部真知灼見爲流行於這特定團體中的「相對的世界自然觀」。它的內容於各個團體中都不相同，並且在同一團體中也因歷史的發展而不同。

團體中成員所分享的價值和目標表現於他們一起思想， 一起意願，和一起愛等行動中。這些行動可以自然而然地表現出來，也可能在自動或半自動的心身活動中發生。不具名的集體性是神話、民俗等非自發的表現的媒遞者。 至於如政治形態、 法律、 藝術、 哲學、科學、民意等自發的表現，則需要有小部分菁英分子（élite）代表的干預。

謝勒拒絕所有孤立地把單一事實當作決定整體社會生活的社會理論和歷史哲學。社會和歷史是建立在人類行動上，並且每一人類行動都有精神的和物質的成分。因此，它們都與人的結構有關，而人則又是社會和歷史的主體。因而謝勒的理論成份包含「實際因素」（Real-faktoren， 如種族、 親屬、 政治、 經濟等因素） 以及「理想因素」（Idealfaktoren， 如宗教、 哲學、形而上學和科學）。前者構成底層結構，後者構成上層結構。「實際因素」建立於人類的基本衝動上，而且謝勒相信他已經在個體生活史的衝動秩序和社會——文化個體在其發展中必須歷經的歷史階段中發現到了一個平行的關係。在前者我們發現維繫種（species）存在的性衝動，以及維繫個體存在的權力衝動和求食的衝動。相對地，在文化史中我們發現到三種整合的類型：(1)血緣或親屬關係的支配；(2)政治權力優勢（國力優勢）的遞遭；(3)經濟因素的增長優勢。「理想因素」則決定觀念在精神流（the spiritual stream）能或不能變得具有影響力。彷彿它們打開了思想流（the stream of ideas）的閘門， 而讓其中一些觀念在社會實體中獲取成果來。 然

而，它們本身是無意義的、盲目的，而且也是自動的潮流，以孔德
(Comte) 的術語來說，亦卽是代表一種「可變的命定」(fatalité
modifiable)，它們將能引導和指導物質發展的盲目傾向。

　　因此，引導社會和歷史的生命形式的根源乃是在人性的需求和衝
動結構中。就謝勒來說，我們對於「需求」(needs) 不但要了解為生
物的，並且也要了解為精神的需求。這種精神的需求還包括救贖的需
求。藉由人性結構、肉體存在，及其在各種社會生活形式中與他人在
一起的存在，和他與神之關係下成為人的能力，人類之需求的秩序就
在此中構作而成了。它們的客觀秩序相應於倫理價值的秩序，知識形
式的秩序，以及愛的秩序 (ordo amoris)。甚至謝勒在其晚期還感謝
「理想因素」對歷史決定的優越性，他以造成所有價值得以實現的精神
團結性來發展其形而上的人類學 (metaphysical anthropology)。這
卽是鄧普夫 (Dempf) 所稱的謝勒整合人文主義(integral humanism)
的預設。這種學說鄧普夫認為是謝勒可惜不能完成的系統的核心。謝
勒的形而上的人類學最終所提出的公設是：有生命的精神物不顧出自
於生命階層的衝動優先性而維持其自身。

註　釋

❶〔譯註〕（由於原作者在許多徵引和論述沒有加以充分的註解，譯者爲讀者方便計，逕自加上，前並冠以譯註二字）：參見 Ortega y Gasset, J.：Max Scheler 刊於 *Revista de Occidente* 20(1928)，頁398-405。此文有德文翻譯：Ortega y Gasset, Max Scheler (Helene Weyl 譯)，刊於 *Neue Schweizer Rundschau*, 21 (1928)，頁 725-729。

❷〔譯註〕哈特曼的著名紀念文章，見：Hartmann, Nicolai, Max Scheler 刊於 *Kant-Studien*, 33 (1928)，頁 IX-XVI，重刊於：N. Hartmann, *Kleinere Schriften*，第三册，Berlin：*Walter de Gruyter*, 1958，頁 350-357。

❸〔譯註〕關於謝勒全集的編輯工作最早是由其遺孀 Maria Scheler 負責，及 Maria Scheler 老邁逝世後，由著名的謝勒專家 Manfred S. Frings 承擔。此全集早先由瑞士伯恩市（Bern）的著名書店 Francke Verlag 印行，自一九八六年以後已改由西德波昂市（Bonn）的出版商 Bouvier Verlag 負責。其中各卷的內容，茲條列如下，以供讀者參考：

1. *Frühe Schriften*（《早期文集》）
2. *Der Formalismus in der Ethik und die materiale Wertethik*（《倫理學中的形式主義與實質的價值倫理學》）
3. *Vom Umsturz der Werte*（《論價值的翻轉》）
4. *Politisch-pädagogische Schriften*（《政治教育文集》）
5. *Vom Ewigen im Menschen*（《論人之中的永恒性》）
6. *Schriften zur Soziologie und Weltanschauungslehre*（《社會學及世界觀學論文集》）
7. *Wesen und Formen der Sympathie*（《同情的本質及形式》）
8. *Die Wissensformen und die Gesellschaft*（《知識形式及社會》）
9. *Späte Schriften*（《晚期文集》）
10-14. *Schriften aus dem Nachlaβ*（《遺稿》）

又按原作者謂全集十三册，今已預告爲十四册，其中遺稿四册，其內容各分別收入：一、《倫理學及知識論》；二、《知識論與形而上學》；三、《哲學人類學》，第四册內容未公布，故無從得其詳。謝勒著作除此各册外，其已付排印而又棄去的《邏輯學》(Logik) 殘稿，今已由荷蘭阿姆斯特丹市（Amsterdam）書店 Rodopi 重印公開。

❹〔譯註〕休慈此說法大體與謝勒的遺稿相符，遺稿第二、三兩冊卽是此計畫的重建輪廓。但我們若根據謝勒自己在《人在宇宙中的地位》(*Die Stellung des Menschen im Kosmos*, 1928) 序言中所表示，並參之遺稿中大批論述知識論的文字，則謝勒晚年工作當還要再加以「知識論」一項。謝勒的自白，我引述如下：“In meinen an der Universität Köln zwischen 1922 und 1928 gehaltenen Vorlesungen über ‘Die Grundlagen der Biologie’, über ‘Philosophische Anthropologie’, ‘Erkenntnistheorie’ und ‘Metaphysik’ habe ich—weit hinaus über das hier gegebene Fundamente—meine Forschungsergebnisse mehrfach eingehend dargelegt”(Max Scheler, *Die Stellung des Menschen im Kosmos*, Bern & München 1978，頁6；又《全集》本：*Späte Schriften*，頁 10)。

❺原註：Beacon 出版社出有英文譯本，Max Scheler, *Man's Place in Nature*，此書是由 Hans Meyerhoff 譯出，他並且寫了一篇導論，本書於一九六一年在Boston出版。〔譯按〕此書德文原題爲：*Die Stellung des Menschen im Kosmos*, Darmstadt, 1928。本書單行本已重印十幾版，今並收入於《全集》第九冊《晚期文集》中，請參見。

❻〔譯註〕倭伊鏗 (Rudolf Eucken, 1846-1926) 是十九、二十世紀之交極著名的哲學作家。他爲抗拒十九世紀極爲強盛的自然主義 (Naturalismus) 以及乾枯的主智主義(Intellektualismus)，相對地提出「精神生活」(Geistesleben) 或稱「人生觀」(Lebensanschauung) 的哲學。關於倭伊鏗思想的介紹，可參見張君勘的〈倭伊鏗精神生活哲學大概〉，收於張氏著《中西印哲學文集》（臺北：學生書局，1981，頁 1095-1115)。謝勒是在一八九七年於倭伊鏗指導下完成博士論文（出版於一八八九年），並在一八九九年同樣於倭伊鏗指導下完成任教資格論文 (Habilitationsschrift; 出版於一九〇〇年)。關於倭伊鏗對謝勒的影響的詳細介紹，請參見拙著《馬克斯・謝勒》（臺北：東大圖書公書，1989）論倭伊鏗對謝勒哲學的影響一節。又可附帶一提的是，張君勘曾經親炙於倭伊鏗門下，並曾共同出版《中國與歐洲的人生問題》(*Das Lebensproblem in China und Europa, Leipzig*, 1922) 一書，張氏思想與倭伊鏗哲學的關係及對我國於一九二三年發生的「人生觀論戰」的意義，譯者準備在另外一本論張君勘思想的書中詳論。

❼〔譯註〕關於史達克的說法，參見其爲謝勒著作：*Wesen und Formen der Sympathie* 的英譯本所寫的導論，文見於 *The Nature of Sympathy*, tr. Peter Heath with introduction by Werner Stark, London, 1958。

❽〔譯註〕馬利旦的看法，請參見 Oesterreicher, John M., *Walls are Crumbling. Seven Jewish Philosophers Discover Christ*, (New York: Devin Air 1952) 一書中馬利旦所寫的導論。法文譯本書題：*Sept philosophes juifs devant le Christ,* trad. de l'américain par M. J. Berand-Villars, Paris: Éd. du Cerf, 1955.

❾ 〔譯註〕謝勒晚年從天主教哲學時期走向泛神論，其觀點主要見於《人在宇宙中的地位》(*Die Stellang des Menschen im Kosmos*) 最後一章：〈人及世界根源、宗敎的起源、形而上學的起源〉(Mensch und Weltgrund. Ursprung der Religion, Ursprung der Metaphysik, 單行本，頁 87-93)，又《哲學的世界觀》(*Philosophische Weltanschauung,* Bern & München, 1954) 一書所收論文: Die Formen des Wissens und die Bildung, 特別是頁27及31以下)，二書於全集中分別見於冊九，頁67-71及頁96、頁101-102；又請參閱原作者本文論三種知識形式的第三種一節。

❿ 〔譯註〕藍德斯貝格 (Paul Ludwig Landsberg, 1901-1944) 爲謝勒最器重的學生之一，曾任敎於波昂大學，後因猶太人血統，遷移至巴黎，於一九四三年爲蓋世太保所捕，一九四四年受害。他在學術上特別發展了謝勒所肇建的「哲學人類學」及「知識社會學」兩方面，其著作有: *Wesen und Bedeutung der Platonischen Akademie. Eine erkenntnissoziologische Untersuchung* (《柏拉圖學院的本質及意義——知識社會學之一研究》, Bonn, 1923); *Pascals Berufung* (《巴斯卡的召喚》, Bonn, 1929); *Die Welt des Mittelalters und wir* (《中世紀的世界與我們》, Bonn, 1923) 及 *Einführung in die philosophische Anthropologie* (《哲學人類學導論》 Frankfurt a. M. ²1960 (¹1934)) 及 *Problèmes du personalisme* (《人格主義的問題》, Paris, 1952) 等。

⓫ 〔譯註〕Alois Dempf 爲慕尼黑大學的敎授，原作者所提兩本書，原作只拼出英譯書名，茲今將原德文書名抄錄於下，以便讀者參考。

1. *Theoretische Anthropologie,* Bern, 1950.

2. *Die Einheit der Wissenschaft,* Stuttgart, 1962.

⓬ 〔譯註〕關於謝勒對於人格的情緒層面的討論，主要見於 *Der Formalismus in der Ethik und die materiale Wertethik* (GW, 2), *Vom Umsturz der Werte* (GW, 3), *Wesen und Formen der Sympathie* (GW, 7); 關於知識形式的討論，主要見於 *Die Wissensformen und die Gesellschaft* (GW, 8); 關於宗敎哲學，主要見於 *Vom Ewigen im Menschen* (GW, 5) 一書。

⓭ 〔譯註〕Jakob von Uexküll (1864-1944) 爲德國著名的生物學家，依他的理論，每一種生物都是完美地適應其環境，而無所謂優劣之分。他卽由此以批判人類中心主義的世界觀並發展其生物哲學，特別是有關生物的內在世界與外在對象世界交互作用下所形成的「功能圈」理論 (der Funktionskreis, 參見其著作 *Umwelt und Innenwelt der Tiere* (《動物的環境和內在世界》,

Berlin ²1921, 頁 44-49), 其重要著作除上述一冊外, 另外有如 *Theoretische Biologie* (《理論生物學》, Berlin, 1920; Frankfurt a. M., 1973, 袖珍本)、 *Streitzüge durch die Umwelten von Tieren und Menschen* (《動物及人的環境漫歷記》, Berlin, 1934) 等。von Uexküll 的生物哲學很受到康德哲學的影響 (此點可見其在《理論生物學》一書導論中的自述, 袖珍本頁 9-10), 至於他的環境理論引發謝勒關於人與動物的區分準據學說, 亦卽謝勒將余克斯屈勒的動物適應於其環境 (umweltanpassend) 理論當作一種本能和智慧 (Intelligenz) 能力, 這種能力謝勒仍認爲是一種拘限於旣存局架的能力, 不足以說明人的特殊地位, 故謝勒另外提出人能够作爲說不的存有 (Neinsagenkönner, 參見《人在宇宙中的地位》, 頁 55, 全集本冊九, 頁 44) 這種精神能力 (Geist) 以作爲區分人與動物的本質差異, 和確定動物與環境的閉鎖關係 (T═══U 模式) 及人向世界開放 (M═══W──→──→…模式) 的能力 (關於此爭論可參見謝勒上揭書, 頁 39-41, 《全集》冊九, 頁 32-34)。

❹ 〔譯註〕Hans Driesch (1867-1941) 爲本世紀初著名的胚胎學者及生機論者, 他因胚胎實驗中海膽卵分裂細胞能各自發育成成體的發現而倡生物內在目的論, 並稱此內在目的爲「Entlechie」, 後並由此觀點發展其整個哲學系統。杜里舒並曾於民國十一、二年應當時由梁啟超等人主持之「講學社」邀請來華講學, 其思想對我國民初學術也有一些影響, 關於以中文寫作介紹杜里舒哲學的文字, 今較易得見者有張君勱所作數篇, 俱重刊於程文熙所編張氏《中西印哲學文集》下冊, 頁 1124-1225 (臺北: 學生書局 1981)。

❺ 〔譯註〕謝勒關於心靈存在五個層次的詳細說明, 可參見其絕筆名著《人在宇宙中的地位》, 單行本頁 16-49, 《全集》本冊九, 頁 13-40。

❻ 〔譯註〕Person 一詞是謝勒哲學的核心。 他把 Person 定義爲精神存有 (geistiges Sein) 的行動中心 (Aktzentrum), 關於詳細論述謝勒這一觀念的文獻極夥, 譯者於此僅只能略舉一、二, 如 K. Hürlimann *Person und Werte*, 刊於 *Divus Thomas*, xxx (Sept, 1952) 頁 273-298 及同卷 (Dec. 1952) 頁 385-416; M. S. Frings, *Max Scheler*, Pittsburgh, 1965, 特別是頁 133-148; 又 M. S. Frings, *Person und Dasein*, The Hague, 1969。關於論述這一觀念的中文文獻, 請參見拙著《馬克斯・謝勒》(臺北: 東大圖書公司, 1989) 一書中關於謝勒「人格」概念各段。

又 Person 一詞的翻譯, 我國學術一直未能取得一致的意見, 譯者因謝勒的強調及使用範圍均是涉及於人這一精神存有, 其用法差略可擬之於海德格 (Martin Heidegger) 對於 Dasein 一詞的使用 (關於此二觀念的發生關係, 詳述論述可參見本註中所列 M. S. Frings 所著 *Person und Dasein* 一書), 故譯者經再

三思索後，決定放棄以前所採較具廣面的「位格」譯法，而逕譯作「人格」，以與「Personalität」（人格性）等同源字取得一致的對應。

❿〔譯註〕這是指謝勒用以區分人與動物的標籤字「Neinsagenkönner」，這種說「不」的能力，謝勒意即是精神（Geist）所特有的「禁欲」(Askese)能力。這種能力讓我們想起我國先秦哲學家孟子所說的「一簞食，一豆羹，得之則生，弗得則死。嘑爾而與之，行道之人弗受；蹴爾而與之，乞人不屑也。」（〈告子〉上第十章）。對於謝勒此種思想的全幅大度及與中國哲學的辯證理據，實有讓我們更進一步加以探討的價值。謝勒的說法，請參見其名著《人在宇宙中的地位》，單行本頁 55，《全集》本冊九，頁 44。

⓫〔譯註〕參見註⓭末段。

⓬〔譯註〕謝勒關於「心的邏輯」的論述，請參其鉅著《倫理學中的形式主義及實質的價值倫理學》，《全集》第二冊，頁 15、82、260，此外許多謝勒論述人的情緒結構的篇章，亦多與此問題有關。至於謝勒此一觀念與巴斯卡的關係，可參見巴斯卡《沈思錄》(Pensées, L. Brunschvicg 編輯本)第 283 條，此外第143、275、277、278、281、282並請參閱。論巴斯卡思想，特別是有關其「心的邏輯」這一題目的一本著作是德國Ewald Wasmuth 所寫*Die Philosophie Pascals*（《巴斯卡的哲學》，Heidelberg, 1948），特別是第六章 Herkommen und Folgerungen der Lehre von den Ordnungen und von der Logik des Herzens（頁 176-221）。

⓭〔譯註〕謝勒的成名鉅著 *Der Formalismus in der Ethik und die materiale Wertethik*（《全集》第二冊）即就是在批判康德的形式主義之基礎上發展其自己的實質價值倫理學的人格主義。其中心論點即在人格的不可化約性下，現象學地透過對人格行動的把握，而在活生生具體的人性結構世界中把握存在的絕對客觀價值。至於其所以反對康德倫理學的形式主義之論點具見於上述著作中，特別是在導言處所提出的八個論點（頁 29-31），我們可以視爲是謝勒批評康德的總綱領。

⓮〔譯註〕謝勒認爲價值相對主義錯誤在於把「價值」（Wert）誤當作「價值携負者」（Wertträger），他並企圖通過布倫塔諾（F. Brentano）所揭示的價值公設（Wertaxiom）構想訂立絕對的客觀價值秩序，並在同時把可變的（因時、地）的價值携負者——風俗（ethos）——區分開，參見其 *Der Formalismus in der Ethik und die materiale Wertethik* 第一部第二章第二節第二項（《全集》冊二，頁 103-104）及第二部第五章第六節（頁 300-320）。

⓯〔譯註〕關於謝勒的價值階層理論，請參見 *Der Formalismus in der Ethik und die materiale Wertethik* 第一部第二章第三、四、五節（《全集》

冊二，頁 104-126）。

❷〔譯註〕「愛」（Liebe）一觀念是謝勒思想的中心概念之一，　除 *Der Formalismus in der Ethik und die materiale Wertethik* 一書各處的論述外，讀者並可參考 *Nachlaβ I*（《遺集》第一冊，《全集》第十冊）中 Ordo amori（〈愛的秩序〉，頁 345-376）一文，此外《全集》第三冊、第五冊、第七冊均有大段篇幅論及，請參考。

❷〔譯註〕參見 *Wesen und Formen der Sympathie*（《全集》冊七，頁 170）。

❷〔譯註〕原作者所引據出處爲 *Wesen und Formen der Sympathie*（《全集》冊七，頁 60），德文作「sittliche Solidarität der Menschheit」。謝勒對「團結原理」一概念的詳細論述，可參閱 *Der Formalismus……*一書頁 522-526 及頁 537-590。

❷〔原註〕這一點參見本文作者的 Scheler's Theory of Intersubjectivity and the General Thesis of the Alter Ego 一文。〔譯註〕本文原刊於 *Philosophy and Phenomendological Research*, Vol. II (1942)，頁 323-347；後收入其 *Collected Papers I* (The Hague, 1971) 頁 150-179。本文中譯請參見本書所收第三篇稿。

❷〔譯註〕此段關於知識形式的討論，卽是謝勒關於知識社會學（Wissenssoziologie）的構想，讀者可參見謝勒所著 *Die Wissensformen und die Gesellschaft* 一書）《全集》第八冊，特別是第一篇〈Probleme einer Soziologie des Wissens〉及第二篇〈Erkenntnis und Arbeit〉。

第二章　謝勒的知識論和倫理學

謝勒的著作在英語界的讀者間並不是耳熟能詳的。他的重要著作之一：《同情的本質及形式》❶，已經由彼得・希斯 (Peter Heath) 極其優秀地譯成了英文，並且還附有一篇由史達克 (W. Stark) 所寫極具價值的導論，這都是大家所期望之事；另外十三卷現正陸續出版中的德文全集❷，將亦喚起對這位卓越的哲學家、社會學家的地位，予以適當的注意。事實上，謝勒富有啟發性的心靈對如奧德嘉・伊・噶塞 (Ortega y Gasset)、尼可拉・哈特曼(Nicolai Hartmann)、阿洛伊斯・鄧普夫 (Alois Dempf) 及保羅・L・藍德斯貝格 (Paul L. Landsberg) 這些思想家影響極深。

我們於此並不準備對謝勒的著作和主要論點做一個摘要，也不想亦步亦趨地追逐他各個發展（且經常衝突的）階段，我們要限制只討論謝勒在知識論和倫理學方面的理論。

一、謝勒的知識論

（一）謝勒與現象學

一般說來，謝勒被認為是在胡賽爾 (Husserl) 之後，現象學運動

中最具原創力和影響力的思想家。胡賽爾對謝勒的影響實際上是很具決定性的，謝勒的主要著作《倫理學中的形式主義和實質的價值倫理學》(*Der Formalismus in der Ethik und die materiale Wert—ethik*) 並且還先刊登在胡賽爾主編的 《哲學及現象學研究年刊》(*Jahrbuch für Philosophie und phänomenologische Forschung*) 前兩卷上❸。然而，謝勒得之於胡賽爾的主要是範疇直觀 (categorical intuition)、形相方法 (eidetic method) 及理想對象說 (doctrine of ideal objects) 等理論❹。這些特殊理論經相當不正統的方式解釋後，在謝勒手上成了探究情緒及價值世界的利器。然而胡賽爾在後來卻沒甚道理地抱怨謝勒沒有好好地掌握他生平著作的眞義❺。

對謝勒來說，現象學既不是新的科學，也不是哲學的替身，而是一個爲要呈顯某種特殊且隱晦的「事實」世界之特殊的精神見識態度之名稱。倘若我們把方法的意義限制爲在思考或試驗歷程中用以達到某種目的的技術的話，那麼現象學是種態度，而不是方法。任何現象學哲學的基本精神都是要直接地與世界接觸，亦即不管是爲物理或心理的、凡人或神祇、情感或價值，它們都是要「抓住事物本身」❻。現象學一方面拒絕把經驗 (experience) 等同於感官經驗 (sensory experience)，另一方面也拒絕把它等同於歸納法。只有現存的事物才是可以觀察和歸納的對象。然而，所有的意向性 (intentionality)，亦即如感覺、愛恨、宗教信仰等活動的「知道」(be concious of…)，都展現出先驗眞知見中關於其對象的純粹本質及基礎秩序的本質內容。這種態度嚴格地把現象學與一般意義的經驗主義劃分開來。但現象學與理性主義也不一樣，現象學在其企圖掌握事物本身下，它拒絕承認任何預設的觀念架構的有效性，甚至不承認任何實證科學之發現的有效性❼。預設科學命題的有效性就會妨礙我們對科學命題之主題

的本質結構的洞見，並且會使得哲學降為科學的婢女。尤其，與一般意義的自然態度的思考有關的預設，它決不能被想去描述直接自予之經驗的哲學研究所接受。用別一種論述來說明──於此我們依循柏格森（Bergson）的看法❽──謝勒把不受任何種類之符號干擾而給定的東西定義為自予的：在這種意義下，現象學哲學是一種對世界做無止盡的解符活動。

　　因而心靈的存有學以至於世界的存有學都必須處理所有的知識理論；因為根據謝勒的看法，現象學既是處理心靈界、並且也是世界的基礎。例如所有理論都討論我們如何從事價值判斷的問題，以及我們如何在仔細地看透價值本質以及其階層次序的預設下做出評價來。只有現象學的分析才能提供這種洞見，因為只有現象學才處理在本質上流行於世界結構和心靈結構之間的結構關係❾。它不但在系統上不理各種認知活動的實際表現以及這些行動的表現者（動物、人、神）的各種構成要素，並且也不理把這些行動內容確定為實在性（reality）、表象（appearance）、想像（imagination）、幻想（illusion）、信仰或不信的對象的模式。

（二）三種「事實」說❿

　　根據謝勒的看法，我們必須分別三種事實（facts）：在自然態度的常識經驗中所給予的事實，實證科學之主題的事實，以及最後一種由形相直觀（eidetic intuition）所揭顯的現象學事實。

　　自然的事實與我們日常思考所經驗到的世界有關。具體的事物在我們一直生活於其中的媒介（medium）裏發生。不管哥白尼（Copernicus）怎麼說，太陽依舊自海上昇起，從西山落下，它又是紅暈滿天，又是光亮刺眼；地球仍是我們熙來攘往的不動大地。自然物體相

對於它們的距離而改變大小，空間由上下前後左右構成，時間則由過去、現在、未來構成。我們承認各種東西一直還是它們那個樣子，卽使我們沒有看見它也是一樣；並且在我們離開房子，然後再回來時，發現事物根本上仍沒有改變。尤其日常的思想世界是一種在特殊社會文化環境中爲人所承認富有意義的價值的、社會文化對象的世界。實在和不實在有許多等級。逐漸生成以及要消失，影響別人或遵循於他人，展現各種力勢和能力的東西，都是要分別成有生命和無生命的東西，以及不能由感官知覺，但卻是日常實在性因素那種國度的實體。

世界在科學那一面不是自然的，而是人工的。科學事實是種建築，是以謝勒所稱「科學的化約」程序而從自然事物中獲取的。科學事實的攜負者是符號，而且這種符號只有從科學定義的方式中才能取得其特殊內容。這一點並不是指科學必須討論不能在自然事實之世界中找到的事物。它只是指科學以符號語言、各種不同觀點、以及不同的處置來討論同樣的事物或事實。人類在其自然態度中，根據被用以承認其社會文化環境的傳統來解釋自然事實。科學事實藉之而能從自然界中抽象出來的揀選、普遍化、理想化等，都是受制於一種解釋和審判法典，但這些法則是建立在歸約的基礎上，並不是對所有人都有效；有效的只是對科學家而已；因此，這些法則必須要能溝通和驗證。

現象學的事實則如其統一性和內容一樣，是獨立於所有不能在事物自身上建立其基礎的因素之外。特別地是，它們獨立於所有能知覺者的感官作用之外。能夠由本質直觀把握到的純粹事實，卽使感官作用在實際上改變或被認爲會改變的情況下，它仍然決不改變。尤其是，純粹事實是存在於每一種可能的感官內容的基礎中，並且在這種關係中，純粹事實是獨立存在的，而感官內容則是依藉而變的。更進

一步說，純粹事實是獨立於一切可以被指稱的符號之外。謝勒認爲，純粹現象學事實之建立於一切感官知覺的基礎上這一點是他最重要的發現之一。根據謝勒的說法，即使胡賽爾的範疇直觀理論也是建立於感官內容中。謝勒所反對的是胡賽爾無法驗證「感官直覺」(sensory intution) 的理念，也就是他錯誤地把一切範疇直觀之主題的知覺的先決條件與知覺中的所與物混淆，因此不能够嚴格地做出現象學還元 (phenomenological reduction)。這些缺失導致一個結果，即包含在本質上行動與其內容要爲交相關連的基礎秩序仍一直無法顯現出來，或是導致與產生這些行動的生成次序相混淆。根據謝勒的看法，事實間的基本關係包含有兩個面：首先是那些具有純粹邏輯特徵的關係，這些關係是從一般對象中產生出來的，矛盾律 (the law of contradiction) 這種建立在一切物體同時既爲存在且又不存在的不相容性情況下者，即是一個例子。其次，還有一種涉及特殊客體的存有領域的本質關係，例如顏色與廣延 (extension) 的顯明關係——因爲顏色是建立在廣延之上的。

　　謝勒關於基礎秩序以及此秩序的先天性質的概念需要做一些進一步的說明。像胡賽爾一樣，他把「基礎」(foundation) 了解爲：當現象 A 無法在時間秩序中居先，那麼現象 B 也就無法被給予。空間性、運動、變化不是像康德所相信那樣，以其行動的綜合形式存在於一些所謂悟性能力 (faculty of understanding) 所預給的東西中。這些現象有權要求細心地做現象學分析。思考或直觀都無法產生或構作它們，它們都顯現爲直觀本身的資料而爲人所見。這種理論使得謝勒對其「先天的」(a priori)⓫ 的概念做相當大的擴充。根據謝勒的看法，所有牽涉到事物自予性的知識，以及所有在形相直觀中對主題思考所發現到的理想命題和意義單位都有先天的特性。這種先天性並

不只是「形式上先天的」(formal a priori)，直覺上說亦卽是邏輯的基本事實。相反地，每一種具體的知識領域（例如數論、集合論、幾何學、力學、物理學、化學、生物學、心理學）都是建立在一種具體先天命題的體系上的。在所有這些個例中，邏輯意義的「先天性」是構成直觀之事實的先天性這一特殊領域的判斷及命題之主題的一個結果。謝勒主張這種現象學的先天性之烙痕不同於絕大部分現代哲學的先天性理論 (aprioristic theories)， 因爲這些理論都摻雜有唯心論、主觀主義、自發性理論、超越主義，康德的「哥白尼革命」、理性主義和形式主義。謝勒總括他的「先天性」的看法爲：在任何知識裏，於基礎秩序中預先給定的主題是與建立在前一種知識上的客體之知識有關的先天性。

(三) 三種知識

在前面的論述中，我們有一個企圖是要勾畫出謝勒早期的立場。在他的晚年，他有關哲學和一般知識的角色的看法有相當多的經營和修正。 這一思想與謝勒的一個中心問題有關——也就是人的三種知識，以及這些知識的等級的理論。這個觀念是謝勒人類學的核心，最了解謝勒著作的一些學生，如鄧普夫、藍德斯貝格，都認爲這個理論是謝勒的最大成就。底下我們將盡可能地嘗試說明謝勒晚期著作中有關這個理論的主要看法[12]。

人類心靈和精神生活的功能與所有其他生物有何分別呢？謝勒認爲人有三個基本面貌：

1.人意識到世界，這點與動物之只擁有一個世界 (has a world) 不同[13]。 動物純粹是由它們的衝動、 刺激、 驅力 (impulses, urge, drives)，簡單地說，亦卽是受到其生機體的內在狀況所決定。然而，

人則可以超越這種由環境所決定在生命歷程上很重要的生命力。　因此，人在「生活上是相當禁欲的」(the "relative ascetic of life")，他能夠對其生命驅力和衝動說「不」字；並且很一貫地，人類的自由意志對謝勒來說，它根本不是人類製作創造的能力，而是檢驟和解除驅力衝動的能力。在對行動的關係上，意志的活動經常是一種「不認可」(non-fiat)，而不是「認可」(fiat)。

　　2.人能夠遠離所有嗜欲以及超越此世界中所受刺激決定的事物經驗而愛這個世界[14]。

　　3.最後，　並且嚴格上說來對這個問題也是最重要的一點，　人能夠分辨「如是性」(thusness, 即 essence〔本質〕)　和「斯是性」(thatness, 即 existence〔存在〕)[15]，亦即說人類能夠獲得先天的本質洞見，這種洞見即使在所有屬於同樣本質的偶然事實和樣品中，仍能保持其真確性。

　　這同一種概念，謝勒在其絕筆之作《人在宇宙中的地位》[16]中也有論及。在這本書中，謝勒指出五種有相互關係的心靈存在階層[17]。人性參予有機生命和心理生活的四個層次：(1)無意識（甚至無感官知覺）的情緒衝動(emotional impulses)，屬於這個層面的是植物；(2)本能行為，亦即低等動物的特徵；(3)聯想記憶、制約反射 (conditioned reflexes)，習慣和傳統的形成；(4)實踐的智慧，對新情境的自發調適行動。但是人還有別的，他不只是屬於心理的，並且也有「精神」(Geist)。精神不是生命的現象，它不從進化中獲得；相反地，它與生命及生命的各種表現相反對。精神不但包括了理性，並且也包括有直觀本質的力量；尤其是它還包括有某些如善意、愛、懊悔等情意、情緒活動。與心靈或精神層面相關連的行動中心即稱為「人格」(Person)[18]。這種行動中心必須與謝勒所稱的「心靈中心」(psychical centers) 的其他生命中心區分開來。

心(mind)的世界是自由的世界。亦卽是免於衝動束縛的自由，並且也是免於環境這種動物所深陷而如蝸牛拖負其殼屋那般的束縛⓳。但是，心與人格則有把那些環境中的抗拒中心轉變爲「客體」，以及把封閉的「環境」改變成一個開放的「世界」的能力。動物能聽能看，但不知道其何以如此；它有意識，但沒有自我意識，然而人則是唯一一種不但能夠把自己置於世界之上，並且還能夠置在其自己之上的動物。

對於晚期的謝勒來說，在他使用「意識」(con-scientia) 這個字時⓴，它只是指一種廣義的知識形式。他拒絕把知識當爲意識的作用這種看法。另外還有一種先於意識 (preconscious) 的「忘神」之知 ("ecstatic" kind of knowing)，這種認識活動刻劃出動物、小孩、和原始部落對世界的認識方法 ("know of" the world)。認知是一種存有論的關係㉑：它是一種存有在不改變其他存有之下而參預其他存有的「如是性」的活動。存有的關係既不是空間的，也不是時間的，更不是因果的。它倒不如說是一種全體與部分的關係。「被知者」(the "known") 不受到改變地成爲「知者」(the knower) 的一「部分」(part)。心靈或精神只不過是使認知存有成爲可能的全部活動中的變數，換句話說，它亦卽是某一存有之「如是性」(Sosein，或稱本質) 所以變成一種「意向性存有」(ens intentionale)，而與其一直必然地停在本質關係之外的「斯是性」(Dasein，或稱存在) 或實在的存有 (ens reale) 做對比。於是存有的「如是性」同時能在心中(in mente) 和在心外 (extra mentem) 都存在㉒：然而一存有的斯是性在其偶發性中總是存在於心外，理智的作用並不能經驗到它 (卽不能經由思考，也不能經由直觀)，它只有在驅力行動和關注 (attention) 的動

力因素中才能經由存有的抗拒 (the resistance of being) 的遇合而經驗到。緬・德・比隆 (Maine de Biran) 及狄爾泰 (Dilthey)❷ 的後學將會承認這兩位哲學家對謝勒所稱「主意的存在理論」(the voluntative theory of existence) 有所影響。謝勒本意也想在他討論形而上學和哲學人類學的書中來說明這點。他晚期的一些論文❷，對於他這個論點只做了一些不太明確的提示。

謝勒之排斥批判實在論 (critical realism) 及知識論的惟心主義 (epistemological idealism)❷，主要是因爲它們基於錯誤的預設，它們由於思考、知覺、回憶等的理智作用而把事物的「如是性」和「斯是性」看成是與其他另一個互不可分的。知識論的唯心主義認爲事物的如是性必須是要在心中 (in mente) 這一點也許是對的，但是由這個見解而結論斯 是性也能是存在於心中 這一點則是錯誤的。另一方面，批判實在論很正確地把 斯是性看成是經常 且必然地存在於心外 (extra mentem)，但卻錯誤地由此理由而相信事物的如是性必然地只存在於心外，因此認爲只有事物之本質的摹本、表相或符徵才會是存在於心中。認爲「成實」(being real) 只不過是一種由思考法則所建立的關係性的新康德主義學說，倘若對於事物之斯是性與現存事物之旣予性的混淆無法提出其他理由解釋，它是必須要 加以 拒絕的。

人類的知識有三種形式❷：一、爲成就某種特定目的的知識 (Herrschafts- oder Leistungswissen，〔主宰或成就的知識〕)；二、本質的知識或人格陶冶的知識(Wesens- oder Bildungswissen)；三、形而上學的知識或救贖的知識(Heils- oder Erlösungswissen)。每一種知識都以改變某一特定的存有領域來獲取其特定的目的：首先是事物，其次是人，第三是絕對，亦即存有自身 (ens a se)。

第一種知識是關於實證科學。 它讓我們的潛在能力得 能控 制自然、社會、及歷史。這種知識據以出現的經驗、觀察、測量都是依靠於人體器官的感覺作用，並且也是依靠於人體器官的欲望和需要的結構。這種知識的最高目標是把我們四周的現象整理成某些種類，以及建立它們在時空中的交涉法則。這種情形所以如此，完全是因爲依法則重現的現象乃是可預測的，而且只有可預測的才能受到控制。

第二種知識是亞里士多德稱爲 「第一哲學」 (First Philosophy) 的知識，也就是一切存有種類的存在模式及本質結構的科學。在我們這個時代， 胡賽爾藉著本質方法 (eidetic method) 的發展再度發現到這種知識。本質的知識在方法上不承認事物的斯是性（亦即以此或彼方式存在於斯 (happen to be-there) 的每一種事物在時空中的偶然定位），而尋求事物的本質（如是性），亦即尋問：什麼是世界、什麼是外在世界、什麼是動物、什麼是植物、什麼是人——亦即什麼是所有這些東西的不變結構和基本性質呢？同樣的情形：什麼是 「思想」 呢？ 愛和美的經驗又是什麼？ 所有這些都是獨立於上述那些經驗確實在其中發生的這個或那個個別心靈的偶然思想流之外。這種研究類型是由想取消一切根植於藉從事物的實際存在抽象出來，並且獨立於歸納經驗的驅力結構之動機的企圖來劃定的。本質的知識超越於狹窄的實在世界之領域上，實在世界是我們感官經驗所能接受的，這種知識的眞見解 (insights) 是理性的， 不是悟性的。 它有兩層用處：它確定實證科學（數學、 物理學、 生物學、 心理學等）的最終極假設，並因而構作它們的本質公設系統；另外在形而上學方面，這同一本質的眞見解可以以黑格爾的用語來說，亦卽是 「絕對之窗」 (windows on the Absolute)。

絕對的知識是人類的第三種知識， 它也許最好叫做 「後設人類

學」(mata-anthropology)，而不是「形而上學」。真的，只有在一開始便藉哲學人類學將人的本質展現出來，由此一切事物的最高根源——即上帝——才能由一種超越的推論(transzendentale Schlussweise 方式展現出來。由各種事實看來，人是一切存有領域（物理的、化學的、生命界的、精神界的）所會聚的「小宇宙」(microcosm)，他可以獲得上帝的知識，變成為「大宇宙」(macrocosm)的最高根源。換句話說，人是一個「小神」(microtheos)❷。

這些種類的知識都各由一種人格類型所代表：科學家和技術人員所代表的是實踐知識，賢者所代表的是文化知識，宗教人(homo religiosus)或聖者所代表的是形而上學的知識。在偉大的文化中，有時是某一特別的知識類型占優勢，例如在印度是救贖的知識占優勢，中國和希臘則是文化知識占優勢，在西方世界（自十二世紀以後，則是主支配的實證科學形式占優勢）。

（四）謝勒對康德哲學的批判

前面的篇章勾劃了對謝勒的知識學立場(gnosiological position)❷。謝勒思想的基本傾向，在我們轉到他對康德哲學的批判時便會變得很清楚，而且這一點還被認為正就是他最具特色的成就之一。再底下我們就準備來分析謝勒的倫理學說。

前面篇幅所鈎勒的謝勒知識學立場，很清楚地與康德的哲學針鋒相對。事實上所有謝勒在其成熟年代所寫的著作都是在批判康德。謝勒承認康德這樣的思想家是一位巨人，我們不能放棄與他交談的機會。但他稱康德的哲學是緊握著拳頭，而不是一隻放開的手掌 ❷。他認為，在我們不考慮康德學說的內在偉大成就之下，它恰正是一個受到特定歷史限制之社會的回應。康德的學說深深植根於他當時在普魯士

所流行的國家觀念中❸ 。 自然世界被化約成一種擴大了的 普魯 士王
國，也就是被化約成一種人類悟性蓄意造使的人工建築。把根基於時
空、數量、關係、價值等之對象性 （Gegenständlichkeit）、 存有、實
在、本質及因果關係的形式看成爲人類心靈產物的假設，謝勒認爲是
康德哲學的基本錯誤❸ 。康德認識論的預設卽是： 存在於我們經驗中
的每一種東西，它雖超越於「預先給定的感覺」內容之外，但仍必然
是出自於人類心靈的活動，或由人類的心靈投入於物質中。但在一方
面，存在於我們直覺中的內容雖比對應於我們純感覺的部分內容更爲
豐富；但是另一方面說來，我們的思考和認知，除了虛構、符號、徵
記之外，並不能產生出任何東西或形成任何東西。只有意志和行動可
以產生東西，但是這些現象除非經驗和思想已經可以設定它具有內在
的創造力量，否則是無法了解它們的眞正意義。尤其是康德在他想以
著名的先驗感性論和先驗分析論的分析方式來描寫理性的功能時， 給
人類理性加上了一個永恒的固定性。這一種想法在超越統覺上帶給康
德一種錯誤的人格和自我理念。他指出任何客觀的經驗統一體以及客
體本身──亦卽外在的物理對象、內在的心理對象，乃至於客觀的理
想對象──都是處在「我思」（I think） 必須要能夠隨同引發所有其
他知識之基本條件下。 對於康德來說， 這種 「主詞我」 （I）的統
一性與同一性都是客體統一性和同一性的條件。在這種意義下，「客
體」對康德來說只是一個可以與某一「主詞我」等同的東西。謝勒否
認客體的同一性可以自「主詞我」的同一性得來。進一步說，這種關
係卽使存在，也不會推論出客體與客體間的關係必須穩合於主詞我的
行動與行動間的關係及先天的基礎──也就是一般人所知道康德的哥
白尼革命的理論。 在這個環節上， 謝勒談到康德對 「先驗適然性」
（transcendental contingency）的特殊恐懼， 也就是他對客體可以在它

們本身中以很不同於我們經驗及思考等法則相應的情況感到恐懼，除非我們在一開始就以這些法則將它們連結起來。一般說來，康德對世界的態度只能將它看成是對任何「既予」物的敵視和不信任，或是看成他害怕外在世界及內在本質可能淪於混沌的心理：這兩種情況都受到理性、悟性，以及受理性指引之意念的構成、組織和支配，以便能引導它們走上正途和確保其安全。這種態度跟帶著感情來愛世界、信任世界，和屈服於世界的態度相反，借一位哲學天才的話語來說，它卽是現代人面對世界的方式。

　　根據謝勒的解釋，康德的倫理學遵循著同樣的類型。很清楚地，它是老一派新教中路德派 (Lutheran)， 以及在部分上喀爾文派的 (Calvinistic) 人類墮落論的延續，根據這兩派的看法，在智識主義哲學家 (gnostic philosophers) 的態度中，原罪(sin)的根是在有限肉體及其慾望的存在上，而不是在其有限精神的人格性和驅動慾念的態度上❸。只有這一觀念解釋了康德何以將道德圓滿的觀念看成爲意志的善，以及把意志之善看成是義務之故。所謂「義務的無限」(infinity of duty)牽涉到把有限人格本質上的不成全視同爲人類預先給定對惡的強烈傾向的幻想。只有這一觀點解釋了康德何以輕蔑快樂，以及他無法區分低俗的感官快樂、希臘的福樂 (eudemonia)，以及基督教之恩寵幸福的不同，乃至於拒絕一切有關行爲目的，和引導靈魂活動的目標之原因何在。只有這一觀點解釋了他何以從道德力的、宗教的衰退，以及對富有責任的人來說「宛若是」(as if)❸的神的概念之領域中取消掉愛以及一切同情心。謝勒贊同席勒 (Friedrich Schiller) 所說，康德倫理學照顧的是奴隸，而不是家庭中的小孩❸。

　　謝勒相信他在其主要著作中已經駁斥了康德 倫理 學上 的錯 誤預設，並以下述的態度做總結，康德錯誤地認爲任何實質倫理學都必然

是一種帶有目的，在經驗上爲歸納且是後驗的倫理學，康德並且還認爲它是一種成就、享樂主義、他律的且無法決定行爲之道德基礎，也無法陳列出關於人格尊嚴的洞見的倫理學，尤其這種倫理學系統必然要將由人性自私衝動所造成的結構當爲一切倫理評價的基礎。由此康德似乎認爲只有形式的倫理學避開了這些錯誤。

謝勒在其主要著作《倫理學中的形式主義與實質的價值倫理學》❸一書中，試圖展示一種決不會導到康德所勾劃的結果的具體價值倫理學。首先，壁壘分明地「形式的↔實質的」(formal-material) 及「先天的↔後天的」(a priori-a posteriori)的對字本身互不相干。謝勒同意康德對任何種類想從歸納經驗得出其命題的倫理學的反對。所有對善或對惡的經驗都預設要成爲善或爲惡之物的先天知識。康德無法回答先天的倫理學如何能夠被認識的問題。爲要指出除了意志之外沒有任何東西可以不在質上加以限定而稱之爲善——這種意志在其限度內是由其有關對象之選擇的理性法則所決定的——意卽要完全否認道德知識領域是一個倫理的先天性的眞正來源。然而善的意願 (the willing of good) 及何者爲善的判斷必須建立在道德價值的知識上。然而，康德完全無知於道德洞見的知識，反而代之以義務意識這一最多只能看成是諸可能道德洞見之主觀實現的可能形式中的一種者。這亦卽是何以康德以意志之合不合道德法則來替換善惡價值的本質之故。根據他的看法，在吾人經驗上，除了總是爲經驗的、受吾人感官限制，故而於道德上不具重要性的意欲 (purposes) 之外，別無所有。「先天性」並不居於內容中，而是只居於意志的功能中，而且這些意念的形式 (volitional forms) 也不給予我們的經驗，倘若我們接受康德的這些理論，那麼將根本完全不可能發現任何行動——個人自己的或他人的——是喜或是惡，由此亦無法將倫理學推涉到自律知識

(autonomous knowledge)，康德倫理學中的這個兩難，在他的知識論中同樣也有。他不問「被給予的是什麼?」(What is given?) 的問題，而是問「能夠被給予的是什麼?」(What can be given?) 這種隱指一些不能在吾人經驗中給予之超於感官功能之東西的問題。在他的理論哲學中，他錯誤地從判斷的功能中得到「先天性」，而不是所有判斷之得以在其中形成的直觀內容；並且他無法證明悟性的先天性——設若這種先天性如他所肯定存在著——如何 能够 被揭 露和 知道 (不管是以先天的方式或歸納的知識)。在倫理學中，他從意志的功能得到先天性，而不是由道德知識的內容。即使容認存有純粹意志之功能的法則，康德也是無法指出這種法則的知識如何能够得到，以及它如何能够在倫理學的命題中被形式化起來。尤其是，康德在其理論哲學中認爲主體的先天性之特殊表現是存在於原本就分離，故而缺乏其自己之形式的既予感官的自發聯結中。在倫理學上，他主張人的癖性 (inclination) 是處於一種極其紛亂的狀態中，它們首先被經驗爲一系列絕對根據機械式連結 (mechanistic association) 原理相關連的東西，並且只有合理的意志、實踐理性才給予這種紛亂的狀態一些有意義的結構。相對於此，謝勒主張：人的道德本性乃是由自動的非意念癖性而且它們所涉及的具體價值都是依據於偏好 (preferen ces) 的秩序而預構的這個事實所徵定，故而意念的行動涉及一種預先已形成的實質料 (a preformed material)❻。

　　同樣的情況，康德關於判斷的普遍有效性的概念與本質性 (essentiality) 也絕無關係，因此也與先天性無關。在倫理學中，他將「應該是」(ought to be) 的關係只指涉到「應該」的必然性 (the necessity of the ought)，而不是價值脈絡中關於 「先天性」 的洞見。然而，只有善的才能變成爲義務的對象，並且也是因其爲善的才

能如此做。在康德的理論中，道德的普遍有效性概念不但被用來論證其道德法則是適用於所有理性存有的觀點；並且也牽涉到道德法則之內容的格率（maxim）是普遍有效的這種觀點，因爲意念只有在它符合被作爲一種普遍規制(a universal legislation)的原理時才是善的。因此康德以普遍化格率的可能性來作爲確認其內容爲道德——或甚至其內容的善的判準。他並不說：「你應該求善，然後察看他人也求善」(Thou shalt will the good and then see to it that other people also will the good.)，而是說：「在當你能够希望每一個人在你的地位上會求同樣者卽是爲善」(That is good regarding which you can will that everyone in your position could will the same.)[37]。這個觀點較深一層的理由是在於康德對先天知識的主體性解釋（subjectivistic interpretation），倘若先天性是出自於基本上根據於綜合原理而來的心的活動，而且不被承認是與直觀同樣的與料 (datum)的話，那麼，結論自然不可避免地是任何個體會做出的那種只爲其自己的活動，以及先天性必然是自己取得的知識了。

康德經常指出其學說是一種意向的倫理學 (the ethics of intention)[38]。他小心地分辨開意欲（purpose）和意向（intention），並主張說，一個活動在必須經由它（按：指行動）而達成的意欲中不可能有其道德價值，而是要在決定它（按：卽指行動）的意向中才有。道德原理與行動的實質性無關，並且行動所意圖的結果只不過是其所以生出的形式和原理。在行動中，本質上就是善的乃是存在於意向中，是其可能生出的結果。尤其，康德主張所有行動的實質目的都是出自於吾人感官的愉悅狀態 (sensory state of pleasure)，愉悅是在生命條件下與一客體或一行動的合致 (agreement)，也就是：它不是對於世界的一些行動的結果，便就是世界所散發之刺激的結果。

　　根據康德的看法，只有形式的倫理學觀點才是圓滿的倫理學，它使得人格的價值及其道德行為依憑其在實際世界中行動所造成的實際後果。尤其康德的一個最基礎的理論是「任何實質的倫理學必然地也是一種幸福主義(eudaemonistic one)」這一命題。幸福主義不是把愉悅視為「最高善」(summum bonum) 的話，至少也在某一種方式下把善惡的價值視為愉悅或不愉悅。雖然謝勒同意道德行動的結果與人格和行動的道德價值完全無關，並同意意向及非意欲是善及惡的原始攜負者 (Carriers)，但他相對於康德的命題爭論說：任何實質的倫理學必定也要是為一種圓滿的倫理學。對於康德來說，意向是一種單純的意圖置定之形式 (Form der Setzung einer Absicht)。然而謝勒認為，意向並不只是純為追求的模態或形式。任何意向都指向被完善決定之預定的積極或消極價值；因此它為可能的意欲及行動的形成確定先天的實質域(material a priori scope [Spielraum])。一個意向的實質特徵之所以可能，它並不須要以圓滿的倫理學來代替意向的倫理學。康德否認這種可能性，因為他錯誤地主張，任何超越於意向的東西是受制於也管制著心理領域的單純自然機制 (mere mechanism of nature)。表面上謝勒像是分享了康德對幸福主義的拒斥，但是他並沒有接受康德建立在情緒生活性質、價值本質及其間相互關係未澄清之觀點上的論證。根據康德的看法，追求總是在追求愉悅，而不以道德法則做為吾人意念的準尺。這亦即是他何以把幸福主義的預設(eudae-monistic postulate)──追求愉悅──視為無意義；而認為每一個人當依其真正天性來從事此。康德沒能分辨感官愉悅(sensual pleasure)、歡悅(joy)、幸福(happiness)及福樂 (bliss) 的性質和深度。因為他把善定義為可以「要求」(commanded)，以及把惡定義為可以「禁止」(prohibited) 的，而愛則不能有道德價值，因為它不能被要求。根據

康德的看法，唯一的情感（feeling）是對道德法則的尊敬這種非得自感官愉悅的情感，它是一種出自於道德法則本身的精神性情感❸。很明顯地，這是他著名的嚴格主義預設（postulate of rigorism）的意義：行為要有道德價值，它不但必須要以義務要求（as duty requires）來做，並且也要是因為義務要求（because duty requires）來做，也就是說，要出於對道德法則的尊敬。但是，倘若康德的意思認為，我們正因法則是一種法則而必須尊敬法則，那麼便發生了一個問題：為何任何自然法則並沒有要求要有同樣的尊敬呢？然無論如何，倘若康德認為它是善的法則，也就是要被尊敬的道德價值之法則，那麼，它是無法從法則得到善的觀念，並因而無法要求對它的尊敬。對令式（imperative）的尊敬，只有在對於被要求的內容有關的判斷之外也將被要求加以實現的價值給予我們情感，它才有可能。

　　謝勒嚴厲地批判康德關於人格及其自律和自由的觀念。形式倫理學首先將人格與理性的人格劃等號，它原本就不證明什麼是人格的本質特性，以及是什麼構成人的特殊統一性，然後再指出屬於人本質的理性活動。康德藉著把 X 與「本體人」（homo noumenon）劃等號，並與「現象人」（homo phenomenon）對立起來，由此而將人格觀念看成一些凌駕於合理意志之 X 上的東西❹。然而，這種「本體人」不過是在邏輯上一個用來指應用於人之觀念時稱為物自身（thing-in-itself）的絕對不可知的存有常項（constant of being）。然而，同樣的不可知常項——沒有任何其他區分可能性——也用來指每一棵植物和每一塊石頭。那麼這個概念如何給人一個可以與物體之尊嚴分開的尊嚴呢？我也許可以回答說，因為人是自由的，但是《純粹理性批判》的第一對反（Antinomie）已全然展現了在「物自身」領域中自由的邏輯——理論的可能性。然而，例如說，並不是因為石頭是一物自身，而

是因爲人是自由的，他才因道德法則明顯地變成爲一種定言的（cate-
gorical）：亦卽說，你應當根據於人因爲他知道他應該做它，故而能
做一些事情的預設（thou shalt, that is, by the postulate that man
can do something because he knows that he ought to do it）。
其所以是如此，乃是因爲人的無條件地實踐發動的知識並不是來自於
自由的經驗，而是對於實踐法則的洞見（insight into the practical
law）。我們從不被允許在一開始就問「在我們能力之內的是什麼？」
（What is within our power?）這個問題以找出我們所應當做的；
相反地，我們首先必須聽取理性以定然地（categorically）態度要
求我們參予活動的聲音，並且唯只有如此我們才能藉著設定的方式獲
得我們能做我們所當做的這個結論。由此，在康德的自由概念中有一
個基本的背反：在積極意義下作爲一種設定的自由，它與意念的合法
性（the lawfulness of volition）一致；而在消極意義下，作爲一種
純爲可能性的自由，它對善及對惡卻同樣都是自由的，如此，它純只
是某任何一行動的道德關聯性的預設而已。於此，康德的道德自律理
論試想去克服這個兩難：人爲其自己立法❹；但在一方面上，康德不
分辨開道德對善和惡的洞見之自律（相對於盲目意志）與道德的自律
（相對於他律所強加的意念）之間的差異，而去解釋人格的自律；另
一方面，他把善和惡的意義指作爲理性給其自己（理性的自我規制）
的規範法則。對謝勒來說，對於善完全適當的自律洞見必然涵蘊著已
被認爲是善的自律意願（autonomous willing），然而，善的自律意
願並不蘊涵對意念所意向的善的直接洞見，像康德這種自律性的解釋
將會把對其他人格或神的要求的任何自律服從排除掉。所有服從的形
式都可能具有他律的性質，然而一個服從的人，他不會意願他人所意
願的，因爲他願意要它。（But he who obeys does not will what the

other wills because he wills it)⑫。在道德上具有價值的服從可能出自於其他人格於其個別存有中於道德上優勝過我的洞見。康德的自律概念可能會使道德教育、訓練以及對道德天才(the moral genius)所提供的良善範例的遵循成爲不可能。的確，康德也間或指出，藉著證明道德法則的要求是可實現的，範例只是用來作爲鼓勵的目的罷了。

作爲這一體系的對反命題，謝勒建構了他自己的學說，並稱其自己的觀點爲「倫理的絕對主義和客觀主義」。他指出，在另一種意義上， 它可以稱爲情緒的直觀主義 (emotional intuitivism) 及實質的先天主義 (material apriorism)⑬，最後， 它也可以解釋爲一種新企圖找出的人格主義 (newly attempted personalism)， 因爲他的一個代表性命題是: 所有價值都下屬於人格的價值。現在我們必須詳細地從他的價值理論及價值秩序來檢討謝勒的主要學說。

二、 謝勒的倫理學

(一) 價值作爲諸情感所意向的對象

胡賽爾曾經指出，存在有一些獨立於認知主體而爲實際客體的理想知識客體⑭。 謝勒接受這個命題， 並將這一洞見用來揭露價值領域。對他來說，價值是一客觀的、永恒的及不可變的獨特理想客體類 (class of ideal objects)。它們是以吾人情感的意向對象(intentionale Gegenstände des Fühlens) 而給予我們，就如顏色是視覺並經由視覺而給予我們一樣，我們在其中能認知的模式 (mode) 是超乎理智的把握之外，理智 (the intellect) 對此就像耳之於顏色一樣是盲目的⑮。心的情緒面——情感、 偏好、 愛好、 恨、 意願——並不建立在認知

上，但它們卻有一個先天的特徵 (an aprioristic character)。在我們
情緒的情感中 (emotional feeling)，我們亦卽感覺到一些或此或彼具
有特殊價值特性 (value-quality) 的東西。意向的情感功能並不需要
所謂客觀化的呈現、判斷等活動 (objectifying acts of representing,
judging etc.，) 的居間，而直接地與其對象接觸。

　　價值也獨立於我們主觀的情緒狀態之外。倘若我們哀傷，我所感
到的哀傷可能在我之中引起許多不同的主觀情操 (sentiments)。我可
能心碎或平靜、或抗拒等。尤其是，情感的原因或動機一定不可以與
其意向的對象混淆。　「我爲何生氣以及是什麼讓我生氣？」　這個問
題，它完全不同於「我感覺到怎樣？」這個問題。最後，價值也獨立
於事物以及各種攜負它的關係，　卽所謂「値料」(goods)❹ 。因爲價
值性質本身在其攜負者的値料改變下也不會改變。此就像紅色在紅石
蕊試紙變成藍色時也不改變爲藍色一樣；因此，友誼的價值在證明對
方不是朋友，以及朋友背叛了我時，它仍然維持不變。値料是價值性
的單位：經由它們的媒介，價值變成了客觀的和實在世界的成素。於
此證明了康德關於如倫理學或美學的價值理論必須不預設任何値料或
事物這一觀點是正確的。然而，它也證明了我們可以以一種先天性的
方式發現到具體的價值世界 (the realm of concrete values)，　以及
這一知識決不能由我們對於値料的經驗來獲得。

　　爲要確定價值感的本質，謝勒分析了人的行爲以及在追求 (Stre-
ben)、　價值、目的 (Zweck) 和目標 (Ziel) 之間的分別❹ 。從「形
式主義上來考慮，　目的是一可能的思考、呈現、知覺的「內容」，
而內容則以一些——不管是如何或由誰——應當被實現的東西來被給
予的。　不管是負載著一個目的條件或實現原因的邏輯關係，　在形式
的意義上它都是那一意欲 (purpose) 的一種手段。　然而在我們談及

意念的目的時，我們認為有一種特殊的目的觀念的應用，也就是說，一種被呈現的特殊內容應該被當作為一種要由我們的意志加以實現的目的。

並不是每一追求都是有目的的。首先，存在有某些沒有目的地或甚至沒有目標地而在我們當中「浮動」（soar up）的現象，或者我們的追求純只是一種要「從某些東西中離開」的傾向，而沒有什麼方向。其他的類型或追求雖是指向某些東西，但是這些類型並不必然是有目的的：方向並不需要由某一獨特的意像（image）或意義內容來決定。然無論如何，它是以一種追求的目標而指向於一個價值去。因此我們必須小心分辨「追求的目標」（end of a striving）和「意念的目的」（purpose of a volition），其關鍵點是：「追求的目標」是「藉由」並且「在」追求本身的歷程中被經驗到，而不是由呈現的行動所限定；相反地，一意念的目的經常是一須要由吾人的意志來實現的被呈現之內容。然而，目標是內在於我們的呈現中，並且卽使在追求一個目標中，也就是一種「企向」（aiming at）中，我們可以很清楚地分辨出兩個成分：卽關於意向的，以及所企向之價值的，而前者則建立在後者之上。因此，很清楚地，目標——因而亦包括價值——之給予可以無須伴隨目的，但是所有的目的都建立在預先給定的目標及其價值成分中。其之所以如此，乃是因為所有意念的目的都涉及到一個以某些必須由我們的意志來實現而給予我們的追求之目標的內容呈現。

前面的分析需要兩個重要的履行（implementations）。首先，任何追求的目標都包含有一價值成分的事實，它並不含蘊價值只在追求的行動中被經驗到。相反地，我們可能沒有企向或追求它們而感覺到諸種價值，或更有理由地不以它們為吾人意念的目的而感覺到價值。這點對愛和恨的行動特別有效，關於愛和恨——依謝勒的說法——是

具有先天性的性質，甚至可以說是在所有其他先天主義——知識上的乃至於意念上的——的基礎中。

　　在衝動和癖性、所企向的價值、意念的目的，及行動的圓滿（或譯「成效」，success）間之關係的釐清需要對稱為「行動」（action）的複雜結構做一分析。　謝勒分辨為：　⑴行動主體的當下環境或氛圍（milieu）的成素，並因而變成其行動之對象的實際對象、有價值之事物及值料（goods）；　決定我們的意念可以實現之範圍的　「抵抗的客體」（objects of resistance）；⑵由行動所實現的內容；⑶在各種不同層次上對此內容的意願：從意向經由目的（purpose）、考慮（deliberation）和規劃（project）到決定（decision）；　⑷行動本身的意願，例如，對外的行動，身體器官的神經分布；⑸相互關連的各種不同情感和感官狀態；⑹行動、執行的實現之經驗；⑺由曾被實現過的內容所激發的感受狀態和情感狀態。其中第⑴至⑹階段屬於行動本身的經驗，而第⑺階段在作為行動的一個因果效應（causal effect）上，　則不是在其表現上被經驗到，而是純然地（前瞻地或後顧地）從行動內容已被實現的預設中推論出來的。因此，行動的因果序列必須與行動本身區分開。只有在其各層級中的行動，而決不是其因果序列——即其成效——才可能為道德價值的攜負者。

　　對追求和意念、目標和目的、價值和行動的分析，它引導我們到謝勒倫理學理論中最重要的結論：⑴相對康德的立場，對意圖倫理學的拒斥並不涵蘊要拒斥經常在追求之目標中被給定的具體價值；⑵一種實質價值倫理學並不是像康德所相信那樣，必然要預設由追求所潛藏的各種目標以及其各種價值成分來決定的經驗的意像內容之知識；⑶康德將先天性與理性以及將實質的與感官的（因而是為後天的）劃等號是站不住腳的。

認為知識必然不是感官內容的，便就是「思想」的（something
"thought of"）的二分法絕不是窮盡的，情緒生活也有其本源的先天
內容。它可以被我們的本質直觀（eidetic intuition）所接受，並且使
得一種情緒生活的現象學，亦即一種價值的現象學為可能。

（二）價值領域⑱

謝勒的第二個工作是勾劃出價值領域的先天結構。他首先發展出
一些對所有各種價值都有效，且獨立於其携負者的特性之外的一種純
粹價值論（a pure axiology）的形式原理來。這些關係是先天性的，
因為它們是建立在價值自身的特性中。

第一個本質特徵是：所有價值不是積極的，便是消極的（美醜、
善惡等）。此外佛朗慈‧布倫他諾（Franz Brentano）已發現了一些
公設⑲：積極價值的存在其本身是一積極的價值；同樣地，消極價值
的不存在也是積極的。積極價值的不存在本身是消極價值；同樣地，
消極價值的存在是消極的。更進一步，還有一些價值論的評價原理
（axiological principles of evaluation），例如對同一價值同時評價為
既積極且消極的，這是不可能的。純粹的形式價值學的其他命題組則
涉及意念層次內的價值，亦即是價值與應然之間的先天關係，這些問
題我們將在底下討論。

此外還有其他的先天關係組，這一組對謝勒來說特別重要。它牽
涉到價值的階層次序。謝勒的論點認為，整個價值領域是根據於價值
依其相互間「較高」和「較低」的關係而依階秩等級（order of ranks）
排列的⑳。根據他的說法，這種階秩等級與價值的本質是不可分的；
它是自存的（self-existent），並在相互且完全獨立於歷史地或個別地
可變的等級概念的程度下是絕對的。（人的價值概念的相對主義或觀

點主義 (perspectivism) 的問題將在底下討論) 。 就像價值本身一樣，它們的永恒秩序亦可在特殊的情感活動中不牽涉到理智地部分爲我們所知。謝勒順著巴斯卡 (Pascal) 主張說， 存在著有一種自具其自己理性的天生的先天「心之秩序」 (ordre du coeur) 或 「心之邏輯」(Logique du coeur)❺。

　　價值高度藉之得以展現的特殊情感行動是偏好行動 (the act of preferring)。偏好是一種情緒生活和意向生活的行動，它所居的層次高於價值得以被展現出來的情緒功能之上。它是建立在這些低層次的功能之上。偏好既不是追求 (striving)， 也不是選擇， 它所涉及的是或爲可能或爲不可能爲追求目標的價值中之被感受到的關係；而選擇則經常是在值料中選擇，故而是一種意志的行動。偏好也不是一種判定價值的行動，它是一種對流行於價值間之關係的直接感受。偏好也不以明確存在於情感中的價值多元性作爲其先決條件。價值存在高於情感中既予的意識可以是一種偏好行動的成素，雖然所牽涉的較高價值並不是它自己所感覺到的。

　　根據謝勒的看法， 我們可以弄清楚兩個不同的先天價值階秩次序。首先——也是形式的——是依其携負者來排列價值的高下。於此我們只討論謝勒相當綱略式的表列，並舉出做爲人格價值具有此物所携負之價值層級更高的例子❺， 以及作爲以意向或行動爲携負者的價值具有比那些以成效來衡量的有更高的價值（因成效根本就不是道德價值）之例子。尤其重要的是第二點——實質的——先天的秩序(the material-aprioristic order)， 對此， 謝勒稱之爲價值的「模式」(the "modes" of values)。在這個秩序中， 低級的價值是建立在較高級的之上， 也就是說， 較低級的只有在較高級的已存在之下才能存在。換句話說， 較高的價值是較低的價值的價值學條件 (axiological condition)。 這點適用於屬於同一模式的價值等級， 乃至於模式的階層次序的等級，由最低到最高其層次如下❸：

1. 由感官感覺所呈現的價值， 亦即可同意的與不可同意的 (the agreeable and the disagreeable)，它們與生機體的感官性質有關，但不必然因此與特殊的組織形式如人性有關，動物同樣也能有這些感覺。

2. 由生命感覺類所呈現的價值: 即高貴 (noble) 和粗鄙 (vulgar) 的價值， 以及與有關的健康與生病的感覺、 壯健與軟弱、 年歲與死亡，以至於勇氣、焦慮、氣憤等價值。這一類的模式不能被化約到第一個去，而其本身的不可化約性即排除任何享樂主義或功利主義的解釋。

3. 精神價值類，這一類完全獨立於肉體和環境的存在領域之外。屬於這一類的價值有(1)美和醜的審美價值；(2)公正和不公正的法律價值； (3)眞正的哲學所企求的純粹眞理之知識的價值 （根據謝勒的說法，眞理本身並不是一種價值，而是一種特殊類型的獨立觀念）。與這些價值相連屬的情感有如精神的歡悅及哀傷、 贊許 (approval) 及不贊許、尊敬與不尊敬、輕蔑及精神上的同情。

4. 神聖和不神聖的價值。這種價值與前面各種價值的分別，事實上是因爲它們涉及「絕對的對象」(absolute objects)。這種「絕對的對象」並且也與各種文化在各個不同時期所認爲是絕對對象的事物、力量、人格或制度無關。與這一樣相關連的情感是福樂和沮喪 (despair)、 信仰和不信、 敬畏 (awe) 和崇拜等。它們在祭儀 (cults)、聖禮 (sacrament) 之形式及許多種與絕對者 (the Absolute) 有關的符號中被客觀化。

謝勒完全清楚，他關於價值模式及價值等級的發現，不但對其倫

理學理論具有決定性意義，並且對於其整個哲學思考也是如此。它激使他做進一步研究，以及在其關於認知形式（對此我們已在本文第一節簡略列舉過了）、愛的秩序（ordo amoris）㊴、人性結構，以及最後社會——文化生活之生命力間的關係裏找出其相對應者來。不過我們若詳細討論這些關係，將便會超出本文的架構之外。

（三）道德的價值及應然

令人注意的是上面所舉四類價值模式並沒有包括具有道德意義的善惡價值。根據謝勒的看法，這些價值（善惡的價值）的確是超於該四類型態之外。其所以如此乃是因為善惡的價值涉及要使得其他價值得以存在。謝勒同意康德的論題，認為意志的實質內容絕不可能為善或惡。　任何意念的實質性則經常且必然要為一種非道德的價值（a non-moral value），就像謝勒的說法，道德的性質彷彿就是在「作為的背後」（back of the deed）被生出來，而不是出現於其所企求的目標中。然而謝勒相對於康德堅持善和惡都是實質的價值，並因而是情感意向性的對象。去實現一個積極價值的意志是善；去實現一個消極價值的意志則是為惡。或者更正確地說：「善」是實現較高或最高價值的意志；而「惡」則是實現較低價值的意志。因此，意念的可能道德價值是依賴於關係著選擇之對於價值的洞見，以及依賴於對偏好秩序的洞見。

這即是謝勒為何拒斥康德所認為一切道德行為建立於義務上這一理論的一個理由。謝勒的一個主要論題是：任何「應然」（ought-to-be）必須建立在一個價值上，反之則不行。這一點並不含蘊積極價值必須在實際存在中發現。如同我們所見到的，價值對謝勒來說乃是理想的對象，並因此而完全獨立於其携負者的實際存在。我們必須把

「理想的應然」(ideales Sollen) 和「定然的應然或規範」(Pflicht-sollen oder Norm) 分辨開來⑤。前者是建立在奠立價值的洞見上，理想的應然並不創造價值，但預設著價值，它公理般地預設著奠立積極價值的應然的存在，以及奠立消極價值的應不然 (ought not to be) 的存在。因此，它假設了其所以被建立之積極價值的不存在；如此，理想的應然獨立於任何意念之外。然而，它生發出應然，也就是任何形式的命令——諸如命令 (command)、忠告 (advice)、建議 (recommendation) 以及單純的提議 (suggestion)——所有這些形式都涉及到一種企求著實現理想價值內容的潛在意念。規範性的應然 (normative ought-to-be)，就像理想的應然一樣，不但預設著積極價值的不存在，此外並且還預設著自身反對這一實現的傾向。令式(the imperative) 首先是指向於對這種反對傾向的抑制，此外，甚至有時還指向於對一種現存的消極價值的抑制。因此，規範性的應然有兩種內存於任何建立在義務上之倫理學中的消極特徵。這種倫理學誤解了價值知識先生發出理想的應然，然後接下來才是規範的應然這一不可倒逆的過程。

（四）規範之經驗的相對性⑤

規範的應然從一個羣體改變到另一個羣體，從一個歷史時期變更為另一個時期。而這個事實如何能夠與永恒價值及其先天的秩序中所肯定的客觀性和不變性和諧一致呢？謝勒用了許多篇幅處理了這個異議，相對的並不是價值的存在，而是它們的可知覺性 (perceptibi-lity)。價值自身在歷史上及社會上之可變性的錯誤理論不是出自於把價值的攜負者（有價值的值料或行動單位）與價值自身混淆；便就是從規範的改變錯誤地推論到價值的改變，或同樣地從普遍性的缺乏錯

誤地推論到價值缺乏客觀性及可理解性；或最後，把價值判斷的相對性與價值的絕對存在加以混淆。

謝勒所稱 「形相知識的功能化」 (functionalization of eidetic knowledge)⑰ ，這是一種一般現象的特殊個案。我們必須把本質自身的形相直觀 (eidetic intuition) 與由先前所得之形相知識所導入的適然事況 (contingent matters of fact) 的知覺和判斷區分開來。 在後一種情況中，形相知識並不是如實地被掌握，而是用作爲遵守著預先給予之「形相」 (eidos) 及其連關著完成或證實的結構之適然的事實世界中諸元素的選擇器 (selector)。靠著這一作用程序， 形相知識變成被指向於偶然事實之人類悟性的純然運用法則 (a law of mere application of the human understanding)， 我們並且將這些偶然事實分析、 解釋、 並判定爲 「根據於形相脈絡來決定的」 (as "determined in accordance with the eidetic context")。由此，存有的本原先天性 (the original a priori) 在康德的「先驗的」意義中 ('transcendental' sense)變成了一種主觀的先天性。他的「經驗法則」(laws of experiencing)同時亦是「經驗之對象的法則」(laws of the objects of experience)，因此並不是原本就給予的， 而僅是推得的。 然而，這種主觀的先天性的特殊功能並不是作爲連接器 (connector)，而是作爲選擇器 (selector)， 它不是包含在對所有那些與預先給定的形相 (eidos) 無關的可接受事實世界的部分和側面的綜合或建構， 而是相反地包含於對它的否定和輕忽。

很清楚地，謝勒的觀念認爲這種選擇受到兩層態度的限制：首先是受到預先得到的形相知識 (eidetic knowledge) 的限制， 其次是經驗上的， 以及那種某些形式和「造形」(Gestalt) 由之而可以被選擇出來的偶然事實之預構世界的限制。現在，事實世界在處理歷史上不

同時期的各種主題（個體、民族、種族、文化等）之諸種方式中已經變成可以接受了。而選擇的秩序也屢屢變遷，因爲它依賴於傳統所傳下的形相知識之可能血脈。作爲選擇的作用法則之總體的理性本身，它是處在一持續變化及成長的歷程中。因此，本質領域的可能知識儘管具有先天性及不可破壞性，但仍依靠於主體的周遭情況這種偶然事實上。結果，首先是其歷史存在根本不可能有具有全部本質領域之知識的個體或羣體；其次，歷史上任何時候都在爲每一個主體揭露這一領域的每一側面均是獨一無二且不可替代的；第三，唯只有整個人類，也就是所有共存的個體及羣體，以及包括所有已能藉著共同傳統而統一起來者的合作，才能保證先天的形相知識 (eidetic knowledge) 的成長。

謝勒在其著作中很細心地分析了價值判斷，特別是倫理判斷的相對性之各層面。爲要從歷史上研究流行於不同國家或其他羣體之間的道德事實，我們首先必須分辨在道德上爲合度的變項；其次要分辨對於事物及事件內外在因果關係的各種知性上的洞見；以及第三分辨所有分別社會羣體所特有的行動技巧的特徵。一個羣體的併合只有在與其他具有同樣程度的知性和技術配置做比較下才允許對他們與價值的關係做分析。一個高度分化的知性文化很可能與其道德感極其原始的羣體併連在一起，反之亦然。藉著將這些以歷史方式隱藏在道德領域中的面具除去，我們便能將各種相對性層面的問題變成爲可見的。謝勒將之分爲五個主要層次❸：

　　1.在情感中的變項，以及因之而存在於價值知識中的變項，乃至於在偏好、愛及恨的結構中的變項。謝勒稱這種變項爲「風尙」(ethos)。

　　2.牽涉到判斷活動、價值、階級次序及節制這種判斷的法則。這

些是廣義的「倫理學」(ethics) 變項。

3.關於機構 (institutions)、 值料及行動類型這些因立基於特殊價值單位而用作爲事實單位 (factual units) 的變項。 其例子有如:「婚姻」、「謀殺」、「偷盜」等。這些價值是建立在一種已預先給定的積極或消極價值之存在上。例如「謀殺」預設著把作爲人格價值攜負者的人格存在毀滅; 但是並不是所有殺死人的形式都一概被當作爲「謀殺」，這種類型的變項是「道德的」(moral)。

4.建立在被「它們」（譯按: 指規範）接受或「它們的」偏好結構所接受之從屬於其他等級次序的規範上的實際行爲之評價中的變項。這種實際行爲的價值完全依賴於流行的「風尚」。這種類型的變項是屬於實際的「德行」(practical morality)。

5.在風俗及使用的領域中的行動及表現之變項，這些是「習俗」(mores) 的變項。

然而， 這些變項中沒有一個蘊含有道德價值本身， 而且其等級次序也爲相對的。價值世界的純然經驗及其切當性乃是依賴於在社會──歷史良好視點所見到的景觀。謝勒爭論說，唯只有一種實質價值的絕對倫理學──只有在正確地瞭解下──才預設歷史及社會學單位的情緒性價值景觀，以及「風尚」(ethos) 在其任何形式化層次上於本質方面的不完善性; 而相反地，所謂倫理的相對主義卻把道德價值看得比歷史上所流行的價值判斷之單純符號爲輕。

（五）人格

如同我們所見到，道德價值涉及其他價值存在的實現，以及因之而得以實現其行動的表演者──人格，人格亦即是應然的受件人 (the addresses of the ought-to-be)。 因此， 善惡價值的攜負者根本上乃

是人格。道德價值是人格價值；其次，唯只有人的能力才能實現被認為是道德價值的携負者的高等價值。一個人格經驗到他從事其所應該做而成其為善（virtues），以及不顧其能力而抗拒其所應該做，因而成其為惡（vices）的能力；第三點，人格本身的行動——在人格當中，那些意念及行動亦只不過是諸如寬恕、命令、遵從、答允——是道德價值的携負者，然而，人格的概念是居於倫理學理論的中心處。

謝勒那本主要倫理學著作有一個副標題《一個倫理學的人格主義之基礎的嘗試》㊾。事實上，這本六百多頁的著作有三分之一是在從事關於人格概念的澈底分析。我們也許可以指出，這個概念支配著謝勒的整個思想，也就是說支配著他的相互主體性（intersubjectivity）理論及同情（sympathy）的本質，他的宗教哲學，以及其哲學人類學。

人格曾被認為是行動的中心，與心（mind）及精神（spirit）層次有關，它並且必須與其他的生機性中心分別開來。心是純粹的現實性，人格也不外為一種自我構成的行動整合（a self-constituted integration of acts）。它並不是行動的一個空洞的出發點，而是只存在於和生活於意向活動的成全中。因此，人格與行動不可分地相連屬在一起，任何行動的完全和合當本質都牽涉到其與這些行動的統一性——也就是人格——的關連。一個孤立的行動概念是一種心理學的抽象作用。

整體的人格與其每一個具體的行動有關，它在並且藉著每一行動以成為整體，但卻不與它們任何一個完全相符。這些行動中的每一個都被生活在其中的人格的個體性所滲透。

根據謝勒的看法，心及與其相連屬的人格基本上都是不可客觀化的。同樣的情況，行動也不能以一個對象而給予於我們的外在或內在

經驗；而只能以演出它 (performing it) 來經驗。是故，人格作為行動的不同形式和範疇的關係項，它毫無例外地藉著行動在其所生活的世界及其所以經驗到其自己的演出當中呈現出它自己。或者在也考慮到其他人的情況下，它們可以藉著其他人格行動的共同演出(co-performance)、重複演出 (re-performance)、或預先演出(pre-performance) 下被經驗到，但所有這些都不把其他人格加以客觀化。

　謝勒嚴格地區別了人格及「我」 (I)，「我」──相對於人格──並不僅可加以客觀化，而且總是為一個客體。再者，在作為經驗關係項的「我」──經驗我 (Erlebnis-Ich)──及作為形軀我 (Leib-Ich) 的內在軀體意識中間必須要有一個分別。 軀體的內在意識既不與這個軀體的外在知覺等同，並且也不與簡單的存在感覺 (coenethesis) 等同。 謝勒區分開了由人格所發出的行動及屬於「我」 如視、聽、味、觸、意等單純的「功能」(functions)。 這些功能預設著一個軀體，而軀體的關係項則為環境 (Umwelt)。然而，發自於人格的行動在心身上 (psychophysically) 是無分別的， 它們拿來作為關係項的並不是環境，而是世界。再者，我們必須區分開軀體階段的經驗 (the experiences of the stages of the body) 以及 「我」 的心理情狀。 從餓的感覺到顏色的感覺之間並沒有漸變的接續關係 (continuum)。

　謝勒細心地分析了「我」的領域以說明軀體經驗的結構及現象。他明確地陳述了他稱為描述心理學的先天的實質性原理 (the aprioristic material principles)，他把聯結(association)和析解(dissociation)看成為軀體和感官的功能，與軀體現象的不連續性(das Auseinander)相反的「我」的經驗之貫串性 (das Ineinander)，依靠回想和預期而得的經驗之時間結構，實在的經驗及各種因果關係，相似性及不相似

性的形式，乃至於其各種形態的同化原理等。

空間不會讓這些存在於「我」的現象學心理學 (a phenomenological psychology of the I) 的寶藏完全呈現出來。 我們將要簡略提一下謝勒在其 《同情的本質及形式》 一書中所發展出來的愛的理論中， 人格、 「我」 及軀體間之差別所扮演的角色。 如同謝勒所指出的， 所有的行動都可以劃分到軀體的生機性活動、 「我」 的純心靈活動、 和人格的精神活動中去。 相對應地， 我們也發現到愛和恨也有三種形式: 人格的精神愛、 個體自我的心靈愛、 及生機的或激情的愛。這些情緒活動的形式也在本質上涉及到一些特殊種類的知識價值和審美價值（文化價值）； 以及關於神聖價值的精神活動。然而去愛一位亦爲一人格的同胞， 亦卽是把他當作一個不同於我自己具有自主性的人類來愛他。 附屬於肉體 (physical)、 形軀 (corporeal) 以及心靈 (mental) 的價值總是可以客觀地被給予我們。 然而， 最終的人格價值則只有在我們把自己與其他人格的愛的行動連結在一起時才會揭示給我們。 我們必須愛他所愛以及愛他所有的 (We must love what he loves and love it with him)。

這同一個區分對謝勒的 「其他心靈的感知理論」 (perceptual theory of other minds) 也非常重要⑩。我們可能擁有其他人類主體在生機意識層面， 或其他的 「我」 在心靈層面， 或其他人的精神性人格的知識； 然而， 不能以對象來對待它的人格，只有藉著其在思想、意念、 或感覺中的行動的參予或重製才能獲得。爲要知覺在其他軀體中的其他者的我 (the I of the other in the other's body)， 我們並不需要任何由對其他軀體的知覺而做的推理程序。我們對同胞的直接知覺與他們的軀體無關， 並且也與他們的 「我」 或 「靈魂」 無關。我們所知覺的是其直觀內容不直接以內在或外在知覺來解決的整全總

體。他人的軀體及姿態展現出骨相單位 (physiognomical unit) 的結構。唯一一個無法以直接知覺抓住的他人的經驗範疇是他有關於他自己的軀體、軀體的器官，以及附屬於器官的感官感覺的知覺。正就是這些軀體的感覺構成了人與其他人之間的區別。只要人只生活在他自己的軀體感覺中，他就無法發現任何可以通往其他人的心靈生活的路徑。唯只有當他克服了這種情況，以及澄清其常存的感官伴隨物的心靈生活，如此，他人的心靈生活才能被他知覺到。並且只有如此，而後再藉著共同演出、預先演出、或重新演出其他人的行動，他才能以一個人格參加入其他人格的精神生活。

如此，人格及其呈現並不像自然對象那樣開放給知覺。自然無法隱藏它自己，而且人也無法隱藏其隸屬於自然的生靈性存在 (animate existence)。 由於生靈性存在在生理的軀體歷程中——至少在原理上——呈現了它自己，因此它必然要開放給發現。然而它是在人格的自由意志中去揭發或隱藏其行動，或保持沈默，而這與單純不做言說也有很大的不同。

這最後一命題在謝勒的宗教哲學中變得特別重要。 神 是一人格 (Person)，因此我們無法想像對祂必須要有客觀的知識。 倘若祂選擇沈默，我們便無法直接知道祂。是故，祂一直維持爲「隱藏著的神」 (deus absconditus)。 唯只有當祂將祂自己顯示給我們時， 我們才能憑著特殊的宗教行動的意向性直接地知道祂是一人格。 關 於 宗 教 行動，它本身即是由宗教人格之分受於神的無限的愛中所刻劃出來的愛之行動: 亦即是在神中思考、意願、和愛——amare mundum in deo, amare deum in deo——這是以愛爲最高表現的神之精神行動的人之共同演出。倘若神不是直接地在宗教行動中經驗到，那麼祂便不是以一個「人格」被經驗到，而是以純形而上學的絕對「存有自身」(ens a se）被知覺到。事實上，形而上學與宗教並不相矛盾，而是共同構成一個合致的系統。倘若神被經驗爲一個「人格」，那麼道德的善便是祂的人格特質的一個本質稱述（essential predicate），康德的自律道德法則（導致神存在的邏輯設定）以及他律解釋（依此道德意志乃完全受畏罰希獎所決定）的二選一概念是錯誤的。倘若存有一個人格神，那麼將便不是自律或他律，而是神律（theonomy）地保證宗教及倫理之價值公設的合致。如此，神和人是由出自於神性本質的同一個道德原理而相連在一起。在最高的層次上，宗教性和道德性根本上就是相依恃的——雖然不是爲同一的。倘若道德性或宗教性中之一或兩者是在一種不成全的層次上被經驗到，那麼它們似乎便成了相互獨立的了。

這種宗教和倫理相互依恃的關係並且也表現在個體與社羣間的關係上。有道德價值的並不是一種孤離的人格，而是本身眞正感覺到與神相連在一起，以及存在於與人類整體和精神世界統一在一起的愛的團結（loving solidarity）之人格中。居於謝勒倫理學之中心的是一切道德存有的團結原理。它蘊含著在個別道德價值上，每一個體都共同對其他每一個及對所有的負責。其所以如此是因爲人格性的終極道德價值只有在他將自己與其他人格所具有的愛的行動連結在一起時才會揭示給個體。所有的愛都喚起一個愛的回應，並因而使得一種新的道德價值存在。這種道德團結的理論是建立在兩個形相原理（two eidetic principles）上的：(1)它基本上屬於一個與其人格共同站立在同一社羣中的人格之「相」（eidos），這一種社羣的價值和意義的可能結構單位是先天性的，也就是說，是獨立於可能在特殊人格及其偶然原因中流行的經驗上的實在之外。(2)所有與道德有關的行爲形式基本上是共通且相互對應的價值。這種共通性獨立於這些與特殊人格有

關的行動之偶然實在性以及潛藏在這種共通性下的機制(mechanisms)之外。它是在愛、珍重 （esteem）、應允 （promising）、獎荐 （commending） 的本質中而以理想的關連項 (ideal correlates) 設定爲伙伴的回應態度 (reciprocal attitude)。

　　哲學的社會學之任務乃是在不同的社會單位的建構中去發展出共同存在 （being-togather） 及共同生活 (living-togather)❻ 的特徵形式之形態學，以及確定其等級次序來。謝勒在他的倫理學中曾嘗試勾劃出一些這種哲學的社會學之原理來。然而，很明顯地，在他後期主要屬於社會學內容的著作中，他拒絕或至少相當程度修改了他早期的理論。關於謝勒的社會學，我們必須留待其他機會，這樣一篇文章將亦需討論謝勒在其宗教危機後的思想變遷以及對於其知識學 （gnosiological） 及倫理學立場的影響。對於前面一點，謝勒粗略的發展出一套新的存有學和哲學人類學；關於後面一點，謝勒將其價值的視點主義理論 (theory of perspectivism of values) 轉變成一種新的、 具高度原創性的知識社會學之路徑。

註　釋

❶〔譯註〕此書德文書名題爲: *Wesen und Formen der Sympathie*, 詳細參見本書第一篇〈馬克斯・謝勒的哲學〉註❸及註❼。英文譯本書名題爲: *The Nature of Sympathy*, New Haven & London, 1954.

❷〔譯註〕參見本書第一篇註❸。

❸〔譯註〕此書分兩次分別刊登於 *Jahrbuch für Philosophie und Phänomenologische Forschung* 卷一 (1913), S. 405-565 及卷二 (1916), S. 21-478, 此書在一九二一年才合併成一本單行, 並加上副標題「Neuer Versuch der Grundlegung eines ethischen Personalismus」等字樣。此書在本文上原作者一直沒有改訂。

❹〔譯註〕關於胡賽爾本人對這個觀念的眞正意涵的說明, 可以參見其各著作有關部分。譯者爲方便讀者起見, 略就謝勒所接受現象學的主要根據: 胡賽爾不朽鉅著《邏輯研究》(*Logische Untersuchungen*), 指出其相關段落以供讀者參考:

(1)範疇直觀 (kategorische Anschauung), 參見該書第二卷第二部的第六研究中的第二分〈感知性與悟性〉的第四十五節以下。(卽: Bd. II, II Teil, Zweiter Abschnitt, § 45. Erweiterung des Begriffes Anschauung, spezieller der Begriffe Wahrnehmung und Imagination. Sinnliche und Kategoriale Anschauung.)

(2)形相方法(eidetische Methode) 這一概念胡賽爾在其所謂 Ideen I (Ideen zu einer reinen Phänomenologie und phänomenologischen Philosophie, Erstes Buch) 中自 § 71-75 五節有詳盡的說明。

(3)理想對象說(ideale Gegenstände, Idealität), 關於此點詳細說明可以參見《邏輯研究》第二卷第一部第一研究的第三及四兩章。(Logische Untersuchungen, Bd. II I Teil, I. Ausdruck und Bedeutung, Drittes und Viertes Kapitel); 此外在 Eugen Fink 所編輯出版的短文「Die Frage nach dem Ursprung der Geometrie als intentionalhistorisches Problem」亦有極代表性的論述, 此文先發表於*Revua internationale de Philosophie*, Tome 1. 1938-39現在並已收入《胡賽爾著作集》第六册: Die Krisis der europäischen Wissenschaften und die transzendentale Phänomenologie 中作爲附件三 (Beilage III), 特別請參見該書頁 368 以下。

❺胡賽爾這一抱怨曾公開在著名的柏林演講稿〈現象學與人類學〉(Phäno-menologie und Anthropologie) 中表示出來，這份在一九三一年六月十日於柏林所作的演講，原文後來刊登於美國所出版的 *Philosophy and Phenomenological Research*, Vol. II. No. 1 (Sept. 1941)，頁 1-14；不過胡賽爾在該文中並沒有指名道姓的說出（他在該文中所指責的是謝勒以及另一個「叛徒」海德格）。後來 Roman Ingarden 這位最能把握其思想的波蘭著名現象學家將胡賽爾與他的通信出版，其中就收有幾封正面指責謝勒和海德格的言辭。詳細請參見: E. Husserl, *Briefe an Roman Ingarden*, Den Haag 1968。特別是一九三一年四月十九日所寫那一封信請參見。

❻〔譯註〕這正是胡賽爾在推展現象學運動上所喊的口號:「回到事物本身」(Zu den Sachen selbst), Schutz 在此以胡賽爾自己的口號替謝勒對胡賽爾的指責做了一個反擊。

❼〔譯註〕此點請參閱有關現象學方法，特別是關於「存而不論」(epoché)、「還元」(Reduktion)等概念的論述，由於論述此等概念的著作極夥，茲不詳列。

❽〔譯註〕原作者在此援引柏格森 (Henri Bergson) 的論據，譯者對此仍不能甚解，但參考原作者另一篇文章: Symbol, Reality and Society, 我們也許可以稍略把握到他如此說的意圖為何，此文原刊於 Lyman Bryson 等人合編的 *Symbols and Society; Fourteenth Symposium on Science, Philosophy, and Religion*(New York: Conference on Science, Philosophy and Religion, 1955) 中的第七章，今並收入其著作集 *Collected Papers, I*, Den Haag 1962, pp. 287-356 中，其中尤其是 II. Appresentation as the General Form of Significative and Symbolic Relations 一節中的第三、四兩段（頁 300-303），直接論及了柏格森有關符號作用的概念。

❾〔譯註〕請參見 Max Scheler, *Der Formalismus in der Ethik und die materiale Wertethik* (Gesammelte Werke, Bd, II), 頁 67-72。

❿〔譯註〕此段請參閱謝勒《遺集》第一冊(*Schriften aus dem Nachlaβ*, Bd. 1. Zur Ethik und Erkenntnislehre, 收於 Gesammelte Werke, Bd. 10) 中 Lehre von den drei Tatsachen 一文，見該書頁 431-502。

⓫〔譯註〕關於「先天的」(a priori) 一概念，這是謝勒在哲學史發展上的大貢獻之一，他的整個理論可以說是建立在對康德的「先天的」的概念的批判以及新路的尋求上，他在其不朽名著 *Der Formalismus in der Ethik und die materiale Wertethik*中，即由批判康德的「先天的─形式的」(a priori-formal)結構來開始其哲學反省，從而發展出其著名的「先天的─實質的」(a priori-material) 的思想間架。至於詳細討論此一概念的篇章，讀者可特別參考謝勒這

本《倫理學》名著中的第二章〈形式主義與先天主義〉(Formalismus uod Apriorismus),《全集》第二冊,頁 65-126。

⑫〔譯註〕在這一段中,Schutz 把謝勒晚期所發展出來的「哲學人類學」(Philosophische Anthropologie)及「知識社會學」(Wissenssoziologie)通貫在一起講,這是卓具慧眼的。我們若再進一層觀察,例如謝勒的得意弟子藍德斯貝格 (Paul Lndwig Landsberg) 卽是承繼謝勒這二向發展, 並分別寫了 *Wesen und Bedeutung der platonischen Akademie* (1923), *Einführung in die philosophische Anthropologie* (1934) 等有關這兩方面的著作, 而 *Die Welt des Mittelalters und Wir* (1922) 更是揉合這兩方面的一本傑作, 可惜的是學者在今天多已不知道此書了。

⑬〔譯註〕這是謝勒著名的「世界開放性」(Weltoffenheit) 的論點, 參見其 *Die Stellung des Menschen im Kosmos*, 《全集》第九冊, 頁 32-34; 又參見本書第一篇註⑬。

⑭〔譯註〕此點與第一點中所論及人能說「不」字這種禁欲能力有關, 謝勒並由此以證立「精神」(Geist) 爲人能占有其獨特地位的說法。

⑮〔譯註〕「如是性」及「斯是性」的譯法是極其人工的, 其德文本字分別爲 Sosein 和 Dasein, Sosein 的意思是指「如是般的存有」, 也就是指存有物的如如所是, 明白講就是「本質」(Wesen), 不過譯者爲盡量傳達原作者所想刻劃的特徵, 不得已採取這樣的譯法。又 Dasein 一詞, 謝勒的用法是遵循於日常德文的意思, 卽指「存在」(Existenz), 也就是指「那兒的存有」。譯者在考慮到 Sein 是德文的繫詞, 因此譯爲「是」, 「SO-」及「Da-」則分別以「如」及「斯」譯之, 因此產生此兩個不甚達的譯法, 而譯者的本意, 則僅期望以較不達的字眼來避免無謂的誤解罷了。

⑯Darmstadt, 1928〔按此書德文書題爲 *Die Stellung des Menschen im Kosmos*, 今並收入《全集》第九冊《晚期文集》(*Späte Schriften*) 中。〕

⑰〔譯註〕參見 *Die Stellung des Menschen im Kosmos*, 《全集》第九冊, 頁 13-40。

⑱〔譯註〕參見本書第一篇註⑯。

⑲〔譯註〕參見 *Die Stellung des Menschen im Kosmos*,《全集》冊九, 頁 34, 謝勒原文作:「Das Tier hat keine "Gegenstände": es lebt in seine Umwelt ekstatisch hinein, die es gleichsam wie eine Schnecke ihr Haus als Struktur überall hinträgt, wohin es geht……」

⑳〔譯註〕 con-scientia 的譯法, 根據謝勒本人的德文翻譯, 意卽:「Bewußtsein」(意識) 或亦可作:「Wissen des Wissens」(知識的知識, 按此

是照拉丁文的字面意思），譯者於此謹依原作者所選取的英譯在正文中譯作「意識」(A. Schutz 譯作 Consciousness)。另外譯者願意於此引錄謝勒兩段原文（不加予翻譯）以供讀者參考。此兩段文字俱見於《全集》卷九，頁 112-113。或亦可在單行的 《哲學的世界觀》 (*Philosophische Weltanschauung*) 中〈知識形式及教養〉 (Die Formen des Wissens und die Bildung) 一文 (Bern & München ³1968) 頁 40 及頁 127 註 24 見到。

(1)" 'Bewußtsein' oder Wissen des Wissens (con-scientia) setzt ja das Haben von ekstatischem Wissen (Kinder, Primitive, Tiere) schon voraus; es kann erst durch einen reflexiven Akt zur Gegebenheit kommen, der sich selbst erst auf die wissengebenden Akte richtet. "

(2)"Die Lehre, daß Bewußtsein (Übersetzung von con-scientia) nur eine Art des Wissens ist, daß es auch vor-bewußtes ekstatisches Wissen gibt (Wissen also keineswegs eine Funktion des 'Bewußtseins' ist), daß Wissen selbst aber ein Seins-Verhältnis ist; daß das Sosein eines Seienden in mente und extra mentem zugleich sein kann, das Dasein aber stets extra mentem ist; ……"

㉑ 〔譯註〕 關於此點，　事實上是今天仍很值得研究的一個知識的形而上學 (Metaphysik der Erkenntnis) 問題，　知識的形而上學大體輪廓已由 Nicolai Hartmann 發展了出來（詳見本條末附哈特曼有關著作目錄），但當時謝勒對此問題亦有相當清楚的意識，謝勒在我們上條注解所引兩段文字中的第二條，接下去便提到他與 N. Hartmann 對此問題的看法，　由於文繁，　請讀者自行參閱謝勒自己在那本書中的論述。　至於 N. Hartmann 有關此問題的著作可參見下列各書：

1. *Grundzüge einer Metaphysik der Erkenntnis* (1921)
2. *Zur Grundlegung der Ontologie* (1935)
3. *Neue Wege der Ontologie* (1942)

又謝勒的《遺集》第二卷中亦可找到有關這一問題的論述，參見 Max Scheler, *Schriften aus dem Nachlass*, Bd. II. *Erkenntnislehre und Metaphysik*, Bern & München 1979, 頁118-124, 此段標題為: "Manuskripte zur Metaphysik der Erkenntnis".

㉒ 〔譯註〕參見本文譯註㉑第(2)段引文。

㉓ 〔譯註〕參見 Max Scheler, *Späte Schriften* (Gesammelte Werke IX), 頁 209, 他在文中論述了 W. Dilthey 和 Maine de Biran 兩人。

㉔*Philosophische Weltanschauung*, Bonn 1929, Bern 1954.　（譯按: 這

本文集是在謝勒死後（1928）才出版，所收集的文章現並同 Die Stellung des Menschen im Kosmos 及 Idealismus-Realismus 等文一起收入編爲 《晚期文集》，列入其《全集》的第九册。

㉕〔譯註〕參見《晚期文集》（*Späte Schriften*）中 〈唯心主義與實在主義〉(Idealismus-Realismus) 一文，見該書頁 185-241，又此文原擬分五部分寫作，但謝勒只完成了第Ⅱ、Ⅲ兩部分，刊登於 *Philosophischer Anzeiger*，（2. 1927/8）上。

㉖〔譯註〕參見本書第一篇譯註㉗。另外在 Philosophische Weltanschauung 一文中也有論及，參見其同題名書 *Philosophische Weltans-chunng*，Bern 1954，頁 5-15（《全集》第九卷，頁 75-84）。

㉗〔譯註〕詳見 *Philosophische Weltanschauung* 書中同名論文的第三段，單行本，頁 12-15，《全集》本（卷九）《晚期文集》，頁 81-84。

㉘〔譯註〕gnosiological position 中的 gnosiological 是 gnosiology 的形容詞，據譯者所知，謝勒本人並沒有使用這個字。這個字基本上是 Nicolai Hartmann 爲表述他的「知識的形而上學」(Metaphysik der Erkenntnis) 而提出的。從字源上說，gnosiology 是由 gnosis 及 logos 兩個希臘字組成的，前一個字意卽「知識」，後一個字意爲理論，合起來成一個字，N. Hartmann 用來指稱他的知識理論：知識的形而上學。在他的這個知識理論中，他強調出知識論與存有論的相互依倚關係，底下一段話也許可以作爲我們這一說明的論據（事實上他的許多書都一再重覆這一論點，譯者因手頭方便，只引底下一段）："Die Erkenntnis, wenn man ihre Funktionen begreifen will, läßt sich nur von unten auf verfolgen, in derselben Weise, wie sie selbst der ontologischen Schichtenfolge des Seienden nachgeht, in die sie ihrem Sein nach eingebaut und von der sie getragen ist." (N. Hartmann, Kleine Schriften I, Berlin 1955. S. 179) 從這一段以及其他處的說法，若我們再參較我們在本文註㉑所指出的資料，自然可以同意休慈於此把這個字眼用於謝勒身上。

㉙〔譯註〕謝勒這種說法的出處，譯者仍未能查出。

㉚〔譯註〕參見 *Die Wissensformen und die Gesellschaft*（《全集》卷八，頁 59）。

㉛〔譯註〕參見 Max Scheler, *Vom Umsturz der Werte*，《全集》第三册，頁 124、245。

㉜〔譯註〕參見 Max Scheler, *Der Formalismus in der Ethik und die materiale Wertethik*，《全集》 第二册，頁 577。謝勒的說法如下："Historisch ist diese Lehre Kants freilich eine Fortentwicklung der

altprotestantischen (Lutherischen wie in etwas anderer Form calvinistischen)
Urstands- und Sündenfallslehren, denen gemäß (ähnlich wie bei einigen
Gnostikern) die Sünde im Bestande eines endlichen Leibes und seiner Triebe
ihren Sitz hat, nicht erst im Verhalten der endlichen geistigen Persönlich-
keit und ihres Wollens Euden Triebregungen. "

❸❸ 〔譯註〕這是原作者借自當代德國新康德運動一位著名哲學家 Hans Vai-
hinger (1852-1933) 的標籤字。 他著的書名卽題爲 *Die Philosophie des Als-
Ob* (1911)。「宛若是」（德: Als-Ob, 英: as if）Hans Vaihinger的意思是指
「一切理論的、 實踐的、 及宗敎的眞理， 它們都是虛構地用來成就 生活 的目
的」 。 （依 Nax Müller 及 Alois Halder 合編的 *Kleines Philosophisches
Wörterbuch,* Freiburg 1971, Vaihinger 條中的解釋。）

❸❹ 〔譯註〕參見 Max Scheler, *Der Formalismus in der Ethik und
die materiale Wertethik.*《全集》第二册，頁 10。

❸❺ 〔譯註〕謝勒這本傳世名著可以說是處處與康德對諍，謝勒之自我建立同
時亦是與康德的對立。休慈這段論述謝勒批評康德的文字基本上是演述謝勒在該
書中所宣說的幾個基本論點，現在們我若一一爲原作者所述各點分別加註，一方
面將要繁冗的重覆指陳各不同段落所根據的相同來源，另一方面也將會使得註文
占去極大的篇幅，旣使讀者感到厭煩不堪，亦可能使得謝勒批評康德的整體論點
變得零星且不容易把握。是故譯者願意在此分成底下各項，註出謝勒論點出現的
重要篇章，以供好學深思的讀者參考（以下所指陳資料均是這本名著的篇章，故
行文中只註以章節）：

(1)對於康德「先天的——形式的」(a priori-formal)的批評及其「先天的——
　　實質的」 (a priori-material) 的對題， 請參閱謝勒書第二章〈形式主義
　　與先天主義〉(Formalismus und Apriorismus)

(2)批評康德混淆 「實質的」(material)概念與「幸福主義」(Eudaimonismus)
　　及 「快樂主義」 (Hedonismus) 的關係， 參見 〈導言〉 (Einleitende
　　Bemerkung） 及第三章 〈實質倫理學與後效倫理學〉 (Materiale Ethik
　　und Erfolgsethik)；謝勒另外在第五章中詳細而正面分疏其實質的價值倫
　　理學與幸福主義的差異， 他個人的倫理學說， 大體上是在此章及第四章
　　〈價值倫理學與令式倫理學〉 (Wertethik und imperative Ethik) 兩章
　　中做了詳細的舖陳。

(3)對於康德 「義務倫理學」(Pflichtethik，特別是 kategorischer Imperativ)
　　的批評，參見第四章〈價值倫理學與令式倫理學〉， 特別是第一節中對有
　　關「律師」 (Pharisäismus) 及與令式倫理學的比擬批評。又第二節〈價

值與應然〉(Wert und Sollen) 的第(b)項〈規範的應然〉(Das normative Sollen) 主要是針對康德的「義務」(Pflicht) 概念而發的。

(4)有關「自律」(Autonomie) 的問題，特別可參見第六章〈形式主義與人格〉(Formalismus und Person) B 節中的第三項「人格的自律」(Autonomie der Person)。

(5)有關「人格」(Person) 概念，請參見第六章〈形式主義與人格〉，另外第二章中的第 B 節的第二項有關「價值與價值携負者」(Wert und Wertträger) 亦可參考。

❸❻〔譯註〕謝勒論「偏好」(preference, 德文 Vorziehen) 與實質的價值倫理學的關係,可參見他的 *Der Formalismus in der Ethik und die materiale Wertethik*, 頁47-48. 特別是他在頁48中說: "Für jede materiale Wertsphäre, über welche die Erkenntnis eines Wesens verfügt, gibt es eine ganz bestimmte materiale Ethik, in der die sachentsprechenden Vorzugsgesetze zwischen den materialen Werten aufzuweisen sind." 又於此譯者必須說明的是，「preference」(德文 Vorziehen) 一詞譯為「偏好」，其中並不帶有貶義，它意思是指對每一對象的特殊傾向；與它相對的是「Nachsetzen」(偏惡)。

❸❼〔譯註〕關於康德的「格率」(Maxime) 之詳細論述，參見其 *Grundlegung zur Metaphysik der Sitten* (Kants Gesammelte Schriften, Bd. IV)，頁 421，謝勒的批評，參見他的 *Der Formalismus in der Ethik und die materiale Wertethik*, 頁 243.

❸❽〔譯註〕休慈說康德指出其學說為一種意向的倫理學 (the ethics of intention)，事實上康德並沒有「意向」這一詞，這裏可能是休慈借現象學家的「意向」一詞的用法來解釋康德對於「意志」(Will) 與「意念」(Willkür) 所做的分辨。康德認為「意念」是他律的，沒有道德價值，只有「意志」才是自律，才能成就道德。詳細論說請參見《實踐理性批判》(*Kritik der praktischen Vernunft.*) (Kants Gesammelte Schriften, Bd. IV) 頁 115-116。

❸❾〔譯註〕早期的康德曾經受Hutcheson 等人的所謂英國道德感學派(moral sense school) 影響，接受了「道德情感說」，旋又放棄。對此問題的詳細研究可參看李明輝博士的論文 Das Problem des moralischen Gefühls in der Entwicklung der kantischen Ethik von Ming-huei Lee, (Bonn 1987, Phil. Diss). 至於康德轉變為道德嚴格主義一點，謝勒的批評，請參閱本文註❸❺第三點所指陳的資料。

❹❶〔譯註〕這一批評請參見謝勒的 *Der Formalismus in der Ethik und*

die materiale Wertethik, 頁243-244。在此段文字中，謝勒針對康德《實踐理性批判》§6 中所提出的"Du kannst, denn du sollst!"（你能，因爲你必須！）以及《純粹理性批判》中有關第三背反（dritte Antinomie）將人割離成「本體人」（homo noumenon）及「現象人」（homo phaenomenon）兩點詳加批判。

❹〔譯註〕關於「人爲其自己立法」，康德的論述請參見其《道德形而上學基礎》（*Grundlegung zur Metaphysik der Sitten*, Akademie-Ausgabe, Bd. IV），頁 431。

❷〔譯註〕休慈此段論述的根據見謝勒 *Der Formalismus in der Ethik und die materiale Wertethik*, 頁 491，原文作如下："Wer gehorsam leistet, will nicht das, was der andere will, nur 'weil' es der andere will, ……".

❸〔譯註〕參見上注所引書的第二版序，頁 14。謝勒原文作："Der Geist, der die hier Vorgelegte Ethik bestimmt, ist der Geist eines strengen ethischen Absolutismus und Objektivismus. In anderer Richtung kann der Standort des Verfassers 'emotionaler Intuitivismus' und 'materialer Apriorismus' genannt werden"

❹〔譯註〕參見本文註❹第(3)點資料。

❺〔譯註〕參見 Max Scheler, *Der Formalismus in det Ethik und die materiale Wertethik*（以下簡稱《倫理學》），頁 261。

❻〔譯註〕「goods」一字德文作「Güter」，是指「有價值的東西」，通常譯作「財物」或「財貨」，日文在譯謝勒這一觀念時，卽以「財貨」一詞，但「財貨」一詞極易讓人誤解爲商業行爲上可以流通的具體交易物，因此我們勉強以「值料」譯之，以避免其意義被狹限。

❼〔譯註〕《倫理學》第一章第三節 Zweck und Werte 卽處理這一問題，參見頁 51 以下。

❽〔譯註〕關於謝勒對價值領域的論述，主要請參考《倫理學》第二章 B 節第二項〈價值與價值携負者〉（Werte und Wertträger）及第三項〈「較高的」與「較低的」價值〉（"Höhere" und "niedrigere" Werte），頁 103-116。

❾〔譯註〕參見 Franz Brentano, *Vom Ursprung sittlicher Erkenntnis* (1889年初版) Hamburg: Felix Meiner, 1955, 頁 60. 又此一觀念，除了謝勒在《倫理學》頁 100-101 稍加考察奧古斯丁(St. Augustin)的學說，從而發展出其與理性分析代表的康德哲學對諍的「實質價值倫理學」來。不過謝勒本人並沒有專針對巴斯卡做過專題討論，只有零星片斷涉及，因此「心之邏輯」這一論題對謝勒的整體哲學發展的關係，亦是一很不朗然的題目，不過倒是謝勒的兩個入室弟子 Paul Ludwig Landsberg 及 Heinrich Lützeler 卻各有一本篇幅不大的

專書討論巴斯卡的思想。（參見 P. L. Landsberg, *Pascals Berufung*, Bonn 1929; H. Lützeler, hrsg., *Pascal, Religiöse Schriften*, Kempen-Niederrhein, 1947）

又巴斯卡本人的見解，除其《沈思錄》外，如 *De l'esprit geométrique*（論幾何學的〔按卽科學〕精神）在各個不同時期以各種面貌出現，幾乎囊括無遺的占領了每一個哲學反省的領域。不過我們同時也見到有一股暗流，下意識地要在「生解活剝」的理性分析之外別尋一條可以掌握具體對象的活生生存在(vivid existence) 的途徑，這也就是各種非理性主義及密契主義 (Mystizismus) 得以存在的原因，但由於這第二種路徑因純屬個人的私有領域，因此遭受到許多非難，謝勒就在這種緊張局面下，試圖經由現象學，並從巴斯卡對「科學精神」(l'esprit de geométrie)及「微妙精神」(l'esprit de finesse)所做深刻反省而揭櫫的「心有其秩序」(Le coeur a son ordre, Pensées Fr. 283)或所謂「心之邏輯」(logique du coeur)，並追溯到奧古斯丁的論述，且因據以作爲討論整個價値領域的基礎，另外還有謝勒早年同學 Theodor Lessing 爲此題寫了一本專著。Theodor Lessing, Studien zur Wertaxiomatik, Leipzig:. Felix Meiner, 1913。又按此書據作者自述，大體思想已在一九〇八年於 Archiv für systematische Philosophie 發表的文章中完成了。

(50)〔譯註〕參見本文註㊽。

(51)〔譯註〕關於「心之秩序」或「心之邏輯」概念在謝勒思想中是一個極值得深入探討的題目，可惜至今仍未有學者對此問題做過全面的檢討，譯者刻在西德 Trier 大學準備的博士論文卽是針對這一題目做全盤的分析。在哲學的發展史上，我們見到有關理性分析等文章或論述亦請參考。有關巴斯卡著作的版本，最常爲人所引用的爲 L. Brunschvicq 所編輯的，較方便的版本則是同樣由 Brunschvicg 所編的單行本 *Pensées et opuscules*, Paris.

(52)〔譯註〕「價值」(Werte) 與「價値携負者」(Wertträger) 是謝勒價値學上的重要概念區分，他由此而區分出「價値」與「値料」(Güter) 的不同，並從而藉以批評康德的「形式的——先天的」的聯結，以及建立其「價値」與「實質的——先天的」的關係，詳見他的《倫理學》第二章B節第二點。

(53)〔譯註〕參見《倫理學》第二章B節第三點。

(54)〔譯註〕關於「愛的秩序」(Ordo amoris)，這是謝勒在論知識中的重要觀點，休慈在正文中已有詳細論述，茲於此不再贅述，僅指出謝勒有關此論題的重要文獻以供參考。Max Scheler, *Schriften aus dem Nachlaβ, Band I, Zur Ethik und Erkenntnislehre.* 中有一專文卽題爲 Ordo amoris，見該書頁 345-376，又另有一篇文章題爲〈愛與知識〉(Liebe und Erkenntnis)，收於

其《全集》第六册 *Schriften zur Soziologie und Weltanschauungslehre*, 頁 77-98。

(55)〔譯註〕參見《倫理學》第四章第二節 Wert und Sollen（〈價値與應然〉），特別是 a 點及 b 點分別討論了〈價値與理想的應然〉(Wert und ideales Sollen) 及〈規範的應然〉(Das normative Sollen)。

(56)〔譯註〕關於相對性 (Relativität) 問題，謝勒在《倫理學》中做了詳細論述，參見第五章 3 至 7 項，特別是第五項中有關「ethos」的討論。

(57)〔譯註〕關於謝勒有關「形相知識的功能化」（functionalization of eidetic knowledge)，我們在他的《論人之永恒性》(*Vom Ewigen im Menschen*, GW Bd. V)中〈宗教的問題〉(Probleme der Religion)一文有一段文字詳述了其「本質直觀的功能化」（'Funktionalisierung' von Wesensschau)，見頁 207-209，可供讀者與休慈的論點做比較。另外並請參閱其《全集》第八册 *Die Wissensformen und die Gesellschaft*，頁 171 以下。

(58)〔譯註〕參見《倫理學》，頁 303。

(59)〔譯註〕原文作 "Neuer Versuch der Grundlegung eines ethischen Personalismus."

(60)〔譯註〕原作者所用「perceptual theory of other minds)，譯者遍查謝勒著作仍未能找到相當的德文，不過在《全集》第八册 *Wesen und Formen der Sympathie* 頁 20 有「ein Fühlen des fremden Gefühls」，意差近之，又此書第三章: C. Vom fremden Ich，可並參考。

另外在《倫理學》頁 271 有一句話可以作爲休慈的論據，茲抄錄於下："Wir vermögen dies darum, da wir auch Fremdseelisches überhaupt weder erschlieβen noch einfühlen, sondern in den Ausdrucksphänomenen wahrnehmen".

(61)〔譯註〕，關於這一「共同存在」、「共同生活」的現象學的社會學建構，事實上更是休慈在現象學研究中所以得享盛名的工作領域——「生活世界」(Lebenswelt)之基本精神所在，並且他這一觀念在此一段文字中亦可見出他之與謝勒可能比與胡賽爾還更有「若合符節」的戚戚我心之感。休慈本人的現象學的社會學除發展了「相互主體性」理論之外，其他具體的社會學考察亦多準於這種「共在」的本質把握來從事，其文集 *Collected Papers* II, (The Hague 1964) 中有一文: Making Music Togather: A Study in Social Relationship 即是他這一思想的具體表現。又按休慈早年曾徘徊於成一鋼琴家或爲一哲學家、社會學家之間。

第三章　謝勒的相互主體性理論及異我的普遍命題

一、謝勒對於人的概念

　　為要完全瞭解謝勒的相互主體性理論以及在其哲學思想中所扮演的角色，我們必須看一下他的哲學人類學概念。他生前最後出版的小書《人在宇宙中的地位》❶，我們可以把它視作為其兩本永不可能完成的討論人類學及形而上學❷的著作的序曲。在這本書中，謝勒發展出了世界裏頭五個相互關連的心靈性存在 (psychical existence) 之層次表式。

　　1.最低一種是由一種不具有意識，甚至不具有感官知覺的情緒衝動❸所刻劃出來的。這種心靈性存在雖不可置疑地顯示有某些傾向，但仍不直接指向一個目的。植物的營生性生命 (vegetative life) 毫無例外地發生在這一層次上；然而人類也參予於其間，例如睡眠與醒覺間的節奏即是。在這種意義下，睡眠是人的營生性狀態。

　　2.第二種心靈性存在的形式是本能生命 (instinctive life)❹。本能行為在它指向一個目的上是具有意義的，它以節奏的方式表現出來；它並不是服務於個體，而是種 (species)；它是內在的，且是遺

傳的，它與某些為要達成之而從事的企求無關；因此，也就是說，它從一開始就已準備好了。這一層次是較低等動物的特徵，它可以被定義作一種前知識（pre-knowledge）和行動的統一體，或只不過是下一步表現所必須的現成知識而已。在它指向於特殊環境之因素上，它與情緒衝動層次並不相同，在它的「創造性析分」（creative dissociation），也就是藉著挑選出由散漫的經驗組結（diffuse complexes of experiences）而來的特殊感官和知覺的功能上，它與下一個層次，也就是：

3.聯想記憶（associative memory）❺ 分別開。這是「條件反射」（conditioned reflexes）的層次。與此層次相應的有根據成敗原理而逐漸增加其企圖以檢試之的行為，形成習慣和傳統的能力，以及其他作為模仿和學習之聯繫調節的形式等——然而，所有這一些都是藉由其半無意識的傳統（half-unconscious tradition），而不是藉由自發的回憶。

4.第四個階段是實踐智慧（practical intelligence）❻，一個動物倘若它在一個新情況中能自發而適當的行動，它就是做了智慧性的行動，而這點與先前一些藉衝動去解決某一問題的企圖無關。這種行為預設著對環境及其因素之相互關連性（interconnectedness）具有洞見，因此它是一種能夠深入從未曾經驗的事態（a state of affair），而能把握其如「相似」（similar）、「類似」（analogous）、「取得某些東西的方法」（means for obtaining something）、「某些事物的原因」（cause of something）等創造性的（productive，不只是重造性的〔reproductive〕）思考。科勒（W. Koehler）教授❼ 的著名研究證明了高等哺乳類動物具有此種意義下的真正智慧行動。

然而，若哺乳類動物是有智慧的，那麼在人與動物間這種程度上

差異之外是否還有別的呢？謝勒拒絕兩種流行的思想流派，卽⑴把智慧性行動絕對地限定在人類之內，以及⑵所謂「手藝人理論」（homo-faber-theory），也就是把人與動物之間的差異化約到同一個層次上。當然，在人的本性（human nature）之屬於生命力層次（the sphere of vitality），在人類的心靈生命表現爲衝動（impulses）、本能（instinct）、聯想記憶（associative memory）、智慧及選擇等之範圍內，人的本性是參予了所有機體生命的領域，故而是絕無法一一列舉的。並且卽在這樣的範圍下——並且也只有在這樣的範圍下——，人的本性才顯現出與其他生物的本性相同的結構來，以及能够接受實驗心理學❽。

　　5.但人也有某些不一樣的東西❾。構成人在宇宙中之獨特地位的原理並不是來自於生命的進化，它甚至是與生命和生命的表現相對而立的。古希臘哲學家承認這種原理的存在，並稱之爲「logos」或叫理性。但謝勒更喜歡用「Geist」（精神）一詞，因它不但包括指觀念中具思考能力的「理性」（reason），並且還包括對本質的直觀知覺（intuitive perception of essences; Wesengehalten）之能力，以及某些種類的意志性和情緒性行動如和善（kindness）、愛（love）、懊悔（repentance）、怖懼（awe）等。與「精神」相互關連的行動中心，謝勒稱之爲「人格」（Person）。「人格」必須與其他他稱之爲「心靈中心」（psychical centers）的生命力中心分別開。

　　精神的領域是自由的領域：也就是不依靠機體生命的自由，不受衝動限制的自由，以及不受動物所深陷入其中的環境之限制的自由。相對於動物之把其環境經驗爲一種對抗和反應的中心系統（對此種中心的結構，動物必須如蝸牛在行動時隨時搬移其殼一樣隨時負載著），精神以及人格則能將其對抗的環境中心轉變成「對象」（objects）

以及將封閉的「環境」本身轉變成開放的「世界」。與動物不同，人也可以將其自己的物理或心理經驗加以對象化。動物能聽、能視，但不知道它自己如此做著，它並且甚至經驗到它的衝動，但所經驗到的只恰好是其環境中之事物所散發出來的吸引力和排拒力。因此，動物有意識，但不是自身意識，它不是自己的主人。然而，人則是唯一一種能夠成其為自身 (to be a self) 和把自身不但置於世界之上，且還能置於自身之上的存有。他能夠這樣子做，因為他不只是一個生靈 (soul, anima)，並且也是一個人格 (Person)——也就是康德先驗統覺 (transcendental apperception) 理論意義下的「能思的人格」(persona cogitans)，或作為所有可能的內在和外在經驗，因而亦即是所有經驗對象之條件的「能思者」(the "cogitare")❿。但這點亦即意味著精神及其相關項——人格——基本上是不可對象化的。精神是純粹的現實 (actuality)，而人格根本上就只是一種行動的自身建構之整合 (a self-constituted integration of acts)。再進一步說，即使其他人的人格有問題，它也是不可能被客觀化的。純作為行動之場所 (the locus of acts) 來說，共同決定每一個別行動的總體，即人格，它只有在其他人格共同成就這些行動，與其他人格共同思想、共同感覺、共同意願下才是可以接受的❶。

二、謝勒的人格概念

在早期的一本書中❷，謝勒曾確定出「人格」的概念，這個概念是他的所有哲學思考的基礎。他明確地區別開「主詞我」(the I) 和人格。經驗的主詞我 (Erlebnis-ich) 在任何角度下都是一種我的思想的對象 (object)。它是以一種從心理學乃甚至描述心理學為了要不

涉及思想者而如其所是般處理經驗或思想所必須抽象出來之資料而給予我們的內在經驗的。在另一方面，行動從不能被對象化，它從不給予我們的外在或內在經驗，而只能經由演出它而經驗到。並且不同型式和範疇的行動之相關項，即人格，它極難被看成是一種對象。人格絕對地藉著在其所以生活以及藉之以體驗其自身的行動表現而來呈現其自身。或在關係到其他人格時，它能夠經由共同演出（co-performance），或對其他人格行動的預先演出（pre-performance）或重演（re-performance）來經驗到，但是不能將人格加以客觀化❸。爲了避免誤解，謝勒說，必須在屬於人格的行動以及屬於主詞我的單純「功能」（functions）如視、聽、味、觸及各種注意力等等之間做出一個區別。功能預設著一個軀體，它們與環境相連在一起，它們在主詞我中有其根源，它們是心理的。然而在這種意義下，行動並不是心理的，它們無須預設一個軀體，它們在心身上是無分別的（they are psychophysically indifferent）❹，與它們有關的並不是環境，而是世界。的確，這個世界是與個別人格相關連在一起的個別世界。但是人格從來不是這個世界的一個部分，而「相關連」這個詞也只不過是指個別人格在其個別世界之中經驗其自己❺。

　　然而，根據謝勒的說法，「I」（主詞我）一詞總是涵蘊著要涉及其雙重反題(antithesis)：一方面是外在世界，以及另一方面「您」（Thou）。「人格」（Person）一詞則沒有這種言外之意。神可以是一個「人格」，但不是一個主詞我。祂既沒有一個「您」，也沒有一個外在世界。人格行動，例如散步，這點不能由主詞我來做。語言中容認了如「I am acting, I am walking」（我正在行動，我正在散步）這種句法。然而這個「I」並不是一個用作爲我的心靈生活之經驗的「Self」的名稱，而是一個「隨機」的表式("occasional" expression)，

其意義隨著使用它的人而俱變； 它只標示如語法學家所稱表達 「第一人稱」(first person) 的語言形式。 倘若我說： 「I am perceiving myself」， 那麼 「I」 並不是意指心靈的我 (psychical I)， 而僅只是指說話者； 並且 「myself」 不是意指 「my Self」， 而是明白揭開 「I」 是由外在感知或內在感知知覺到 「me」 這個問題。 另一方面， 倘若我說： 「I perceive my Self」， 其 「I」 意指說話者， 而 「my Self」 意指作為內在知覺對象的心靈我。 因此， 一個人格可以同樣恰當地做一個散步和知覺他的自身——倘如這個人格從事一個心理學的觀察。然而人格在這種情況中所知覺到的心靈自身，它就像它能走或行動一樣很難有 「知覺」。 另一方面， 一個人格可以知覺他的自身 (his Self)、 他的軀體 (his body)、 他的外在世界， 但是它無法將一個人格描寫成 （其自身或其他人格） 所知覺的行動之對象❶。 除非在其行動的演出中，人格是不存在的。任何要把人格或其行動——即將知覺、思考、回憶、期待——加以客觀化的企圖，亦即是要將其存在轉變成一種先驗的觀念 (a transcendental idea)❶。 當然行動不是在其素樸的表現中就是在反思中被 「給予」。但這僅只是意謂一個反思的知識不加以對象化地伴隨著行動。因此，藉另一個反思行動而把行動當作一個對象加以把握，這是不可能的❶。

討論謝勒的主詞我理論，若不稍提一下一個人對其自己軀體所擁有的特殊經驗，將是不充分的。雖然 「人的軀體」(human body) 這個概念已涉及此軀體所屬的人體——不管是作為其自己的軀體或他人的軀體——但這並不指人的軀體與一個使得軀體經驗成為可能的自身 (a Self) 有關。 並且在另一方面， 謝勒說： 倘若人們希望理解其他的自身或其他的軀體，而執定一個人必然要首先涉及他自身的經驗，然後才涉及其自己軀體的經驗這種看法將是錯誤的❶。

我們不準備批評謝勒的這個理論，雖然上述許多命題很明顯有不一致的地方。爲澄清其對「異我」(alter ego) 的瞭解的更圓通理論，我們剛已揭出了他的觀念。底下我們將再碰到一些謝勒的主要理論，並且有機會處理它們。

三、謝勒的相互主體性理論

（一）所牽涉到的問題

作爲其研究同情理論 (the theory of sympathy)的結果❷，謝勒檢查了當時心理學家及哲學家對相互主體性 (intersubjectivity) 問題所做的解決辦法，並驚訝於其結果何以如此不充分。他進而歸結說，所有關於這一題目的努力，其失敗乃是因爲在所牽涉到的不同問題間缺乏清楚的區別以及忽視這些問題所引起的結果之故。因此，他第一個工作乃是建立一份必須解決的問題的目錄。他所舉列的問題共有六點❷：

1.人與其他人之間的關係是否就是一實際的東西，抑或人的概念已經預設了社會這一個極其獨立於具體社會中之具體自我的實際存在的東西呢？（存有學問題）

2.(a)憑什麼理由我是（例如）寫這行表示我有極充分理由去相信其他人及其意識生活確實存在的作者？(b)更進一步說，其他人之意識的實在性如何爲我所接受呢？（邏輯—知識論問題）

3.在有關異我的知識能全幅展開之前，什麼樣的個別經驗已被預設了呢？又什麼樣的意識活動要被視爲已經表現出來了呢？（構成的問題）例如，有關其他人的意識之知識是否預設了自身意識？它是否

預設了一種真正外在世界義下的自然之知識呢？有關其他人的心靈和心理生活的知識是否預設了一種有關其他人的軀體的統覺（appercep-tion），以及將它當作為一種表現場所（a field of expression）的解釋呢？然而，這一層次的問題❷無法用只適合於生活在我們今天西方文明中受過良好教養的人的態度和經驗所做的解決方式來回答。它們必須要獨立於這些偶然因素而仍為有效。它們不是一種經驗心理學的問題，而是一種先驗心理學（transcendental psychology）的問題。

4.理解其他人的經驗心理學的問題是很不相同的。任何種類的經驗心理學不但都預設了其他人在事實上存在；並且還預設有能使他們在記憶中保存其知覺．外在及內在經驗、感觸、感覺等，以及更進一步能讓他們藉命題以相互溝通這些經驗和使得這些命題得以被理解的意識組織❷。而就在「經驗心理學」可以被當作「實驗心理學」（experimental psychology）的同義字時，它進一步地預設了心理自體（the psychical as such）之可客觀化性，以及此一同一心理事件將在諸多主體中重現和將由實驗重新產生出來的無根據假設。而人格及其行動是不能被客觀化的，只有位於心靈及自由領域下面的人類存在部分才能被實驗。對於人格及其呈現來說，並不與自然對象一樣敞開著要被知覺，而是要在人格的自由意志中去揭露或遮掩其行動，或維持緘默，這與單純的不說完全是兩回事。自然並不遮掩其自身，因此人也不能將其生靈性存在（animate existence）歸屬於自然。它必須要被發現，並且生靈性存在的純粹活動——至少在理論上——要在與其相關連著的肉體—生理事項上展現它們自身。

5.涉及異我理論的形而上學問題。在基本的形而上假設以及對於相互主體性問題的邏輯—知識論取向中間存在著一種風格的統一性（unity of style）。例如所謂的「推演理論」（theory of inference）只

適合於一種非常明確的形而上學觀點，也就是說，笛卡兒(Descartes)關於兩個不同實體——卽物理的和心理的——之間相互影響的假設；然而，它並不適合於附屬現象學的平行主義 (epiphenomenological parallelism) 的假說：

6.與異我存在有關的價值問題。無疑地，有些道德行動如愛、責任、義務、感恩等，它們天生就涉及到異我的存在。謝勒稱它們爲「本質社會的行動」(wesenssoziale Akte)。因爲它們不能被構作成只有在後來才能附加以社會性 (sociality) 的前社會行動 (presocial acts)，對於謝勒來說，這些行動特別證明了他的理論一直都在每一個別的社會中出現，並且證明了他有關人類個體不但是社會的一個部分，並且社會也是個體的一個整合部分的理論。現在讓我們更深入地檢討這個理論。

根據謝勒的說法㉔，對於異我的存在的信仰並不是建立在理論認知之上。一個能具有所有情緒行動如愛、恨、意欲等，但卻不具有理論行動——如客觀化的認知——的人格般存有，它根本不會缺乏關於他者存在的顯明性。單只「本質的社會感」(essentially social feelings)就足以把社會的參考圖式 (the scheme of reference of society) 建立成一種其意識業已經呈現了的元素。在心靈理論中，我們無法想像有一個魯賓遜 (Robinson Crusoe)，他自一開始就不具有一些他所屬的人類社團之存在的知識。從不曾有一個極端的獨我論者 (solipsist)說：「沒有人類社團，並且我也不屬於其中任何一個。我是單獨地在世界上。」一個獨我論的魯賓遜所會藉以爲托詞的是：「我知道，世界上有人類的社團，我也知道，我是屬於其中之一或某些個；但我不知道構成它們的諸個體，我也完全不知道構成這種社團的經驗羣體。」謝勒說，我們必須分別開「有關」(about) 一些異我與社團

自身存在的虛空知識以及「關於」(of)㉕ 一個或多個具體「同胞」(fellow-men) 和社會羣體的知識。一旦考慮到後者，那麼有些哲學家（如 Driesch）的假設，便顯示是錯誤地把一切關於一具體的他人格 (a concrete other person) 的知識看成是建立在其軀體運動的知覺上。這只是我們對他人的知識的許多來源之一，並且根本上也不是最重要的一個。其他的經驗，例如一個關於可解釋的符號系統之知識便足夠讓我們相信其他人格存在。

（二）推導與移情㉖

然而，預設著與具體的別人有牽涉的我的經驗，它如何能够導致確信其他人的存在呢？在當代的文獻中，有兩個理論占了優勢，卽推導或稱類比的理論 (the theory of inference or analogy)，以及移情理論 (the theory of empathy)。這兩個理論不但希望為經驗問題（參見上述第四點）提供一個解決方式，並且也想為在這裏所牽涉到之先驗問題提供解答（參見上述第三點）㉗。推導的理論希望我們能經由類比的推論程序而發現其他人的思想，也就是說，想從其他人軀體上「所表現出來的」姿態 ("expressive" bodily gestures) 推導出其心靈狀態，這種推導預設著我們若做「同樣的」姿態時，其心靈狀態也會在我們的心靈狀態中出現（由內在經驗所揭發）。另一個理論則假設自我 (ego) 可以藉著一系列對其他軀體的表現的移情而取得對其他人的心靈存在 (psychical existence) 的信仰。第一個思想流派的信徒極推重其所認為能穩當引導到異我存在之顯明性的假設的確實性 (conclusiveness)；並認為移情理論則只會造成對它的盲目信仰。為移情理論做辯護的人則答稱：我們僅只有對我們記憶中所恰好有的「意像」(images)這種過去之經驗的存在的盲目信仰，他們並辯稱，

我們根本無法超越對外在世界之存在的盲目信仰。

謝勒對此兩種理論的批判沿兩個方向進行。首先，他證明各個理論本身都是不一致的；　其次，　他指出兩者都基於一個共同的錯誤。謝勒反對推導理論的論證可以濃縮如下：　(1)動物、　每一個幼童及原始人，　他們很明顯都缺乏根據類比做推導的能力，　但都確信其同類(their fellow-beings) 的存在，並把握到其他者肉體生命的表現。此外，科勒 (Koehler)、史迪昂 (Stern)、　考夫卡 (Koffka)、　李維·布律 (Levy-Bruhl)❷，他們都證明了表現 (expression) 是這些存有的眞正經驗，　以及一切學習都爲他們創造了一種對於世界 的 醒 覺狀態，　而不是關於世界的漸進活化 (progressive animation of the world)。(2)除了在鏡中的自我觀察等外，　我們藉著我們軀體的感官、運動及位置而有我們軀體姿態的知識，然而其他人的姿態則根本上是以一種不能類比於我們的擬作肌感 (kinethetic sensation) 的光學現象而被給予的 。 因此 ， 所有藉類比於其他人姿態的推導總是假設著其他人的心靈存在，以及我們的知識與他們的經驗是相同的。(3)我們並且也假設著姿態表現與我們完全不同的鳥類或魚類等動物的生靈性存在 (animate existence of animals)。 (4)推導理論隱藏著 「四詞論證」(quatenio terminorum)❷的邏輯錯誤。唯一在邏輯上正確的推導應該是在存在有被類比於我自己的外顯軀體姿態的地方，我的自身(my Self) 必須再一次地存在於那裏，並且這將導致一個我的思想流的重複 (a reduplication of my stream of thought)。對於一個不同於我自身的其他自身 (an other Self) 如何——避免明顯的四詞論證——會由這樣一種結論所論定，這是無法理解的。

另一方面，移情的理論並不是一種對我們關於他人的知識之根源的解釋，而是恰爲一種解釋我們之信仰其他人存在之理由的假設。倘

若我們將之歸屬爲吾人移情同感（empathetic feeling）的其他軀體確實是活具生命的，那麼它便是純屬偶然的了。因爲他人之作爲表現的姿態的解釋只能是其存在的一個歸結（consequence），而不是證明。尤有進者，這一理論同樣也有如推導理論的「四詞論證」的苦惱，並且充其量也不過將之引領到我自己的自身（my own Self）再次或多次存在，而不是其他自身也存在的假設上去。

然而所有的批判都沒有擊中兩個假設的錯誤，即假設(1)給予我們每一個人的最初事物的是他的自身，以及(2)我們對於其他人類所能把握的最初事物是其結合著它的運動及姿態的軀體之外觀，這兩個理論都持認這些陳述之爲眞以及我們唯只有在這一信念上才可以建立起我們對異我（alter egos）的存在之信仰皆是自明的。然而在從事於此之時，這兩個理論都忽視了自身感知（self-perception）的困難，以及高估感知其他人的思想之困難。

根據謝勒的說法❸，第一個觀念牽涉到(1)任何人只能想他自己的思想、感覺他自己的感覺等，以及(2)這一事實爲他構成了個別「自身」基底（the individual substratum "Self"）的觀念。然而，唯一爲自明的東西是「若此種基底曾被設定，則所有被這種「自身」所思想到和感覺到的思想和感覺將屬於這一基底」的重言式（tautology）。在另一方面，我們的確想到我們的思想，乃至於其他人的思想，並且也感覺到其他人的感覺，接受或拒絕其他人的意志。甚至我們還有無法分辨是屬我們的或不屬我們的思想的情況。於是，一個不帶有任何標示其所屬個別意識流之標記的經驗給予了我們。謝勒認爲這一事實非常重要,的確,任何經驗都歸屬於一個自身，並且這一個自身必然是一個呈現在其任何一個經驗中，而且不正就是由這些經驗之交互關連性所構成的個別自身。然而一個經驗可以歸屬於個別自身，不管它會

是我們自己的還是其他人的經驗，它不必然地或本然地要由浮現出來的經驗本身來決定。相反地，一個經驗流乃是沿著——與我的及你的之間的分別無關的——混雜不分地含括著我自己的及他人的經驗而流動著。在這潮流中，漩渦逐漸地構成其愈來愈吸引潮流成分並在不久即歸屬於各個不同的個體自身。謝勒❸ 還更向前進一步，基於他對現代兒童心理學所得成果而做的結論，亦即兒童相當遲才發現自己的個體性這一結論，他主張人從一開始就比在其個體領域中更多地生活在他人的經驗中❸ 。

（三）謝勒關於異我之知覺的理論

然而內在的經驗如何能夠一直不被決定呢？內在經驗事實上（ipso factor）不就是自身經驗嗎？而異我及其思想流不是可以由內在經驗攫住嗎？謝勒認為❸ ，傳統把內在經驗（內在知覺）與自身經驗等同起來是不妥當的。在一方面上，我也可以——就像我可以知覺其他任何人一樣——藉由外在的知覺覺知我自身。在鏡中的一瞥就可以證實這一點。在另一方面上，我可以就像知覺我的現在和過去經驗一樣，藉由內在知覺抓住其他人的經驗。當然，其他人的經驗的內在知覺需要有某一套條件，在這些條件中間，我自己的軀體遭受到某些由他人軀體所散發出來的影響。例如說：我正要去了解某人所說的，那麼我的耳朵必須受到他人所說字句的聲波的影響。然而這些條件並不決定我如此這般知覺的行動；它們恰正是任何可能之內在知覺的活動屬於一種可能的外在知覺的活動，因而涉及一個感官的外在對象這一事實的結果。因此，只有我們對其他人的思想之知覺的特殊內容是受到在我的和他人的軀體間發生的歷程所限制。然而，這與我可以藉由內在知覺覺知其他人之經驗的原理無關。正如我們的內在知覺並不只

把握我們當下的心靈情狀，並且也把握我們思想流的整個過去，它並且以一種可能性一樣把整個心靈領域當作一種沒有差別的經驗流來把握。與我們把我們當下的自身覺知成從我們所有過去生活背景中突然出現的沒兩樣，我們並且也知道，我們的自身與全幅囊括著我的經驗以及所有其他心靈的經驗（或多或少不明確被感覺到）的意識之背景正相對著。關於心靈與軀體間之關係的兩個源遠流長的形而上學理論──兩實體交互影響理論及所謂心物平行論❸──它們都同樣排斥覺知他人的經驗的可能性。　兩者都把人侷限在一種心靈監獄中，　人在其中必須等待以覽見因果性的形而上網絡將魔術般地投射到其牆壁上❸。然而這兩個理論都把軀體的角色錯誤地解釋爲我們所有外在和內在知覺內容的偉大選拔者和分析者。

　　軀體在經驗其他人的思想的歷程中所扮演之角色的概念引導著謝勒❸歸結說，唯一不能由直接知覺把握的其他人之經驗的範疇是其他人關於其軀體、軀體中的器官，以及附屬於這些器官的感官感覺之經驗；並且它亦即是這些構成區分人及其同胞（fellow-man）的軀體之感覺。相反地，卽在人只生活於其軀體感覺當中，他發現不到任何到異我的生活的路徑。唯只有他把自身提昇到高於其純營生生命之上的人格時，他才會得到其他人的經驗。

　　然而，　除了軀體和姿態外，　還有什麼我們會在他人那裏覺知到呢？謝勒認爲❸，我們確實在他人的笑顏中覺知到他的喜悅，在他的淚滴中覺知到他的苦楚，在他的臉紅中覺知到他的羞赧，在他的合掌中覺知到他的祈禱，在他言詞的聲響中覺知到他的思想──所有這些都無須移情和任何類比的推導。我們唯只有在感覺到被誘使不去信任我們對他人經驗的知覺──例如，彷彿我們感覺到我們誤解了他，或如我們發現到我們必須與一個顚狂的個體妥協──之時，　才開始推

理。但卽使如此，那些「推導」仍是建立在相當複雜的對他人的知覺
上。在注視他時，我們不但覺知到他的眼睛，並且他也注視著我；並
且同樣地，在他要防止我知道他在注視我時，他也是要這麼做。倘若
我們眞地問，我們對於他人的知覺是什麼樣的對象，那麼我們就必須
回答，　我們所知覺到的旣不是他人的軀體，　也不是他的靈魂或自身
(Self)、或我（Ego），而是一個不能分爲外在及內在經驗之對象的整
體。由這一統一體(unity)所發生的現象在心物上（psycho-physically)
是無關緊要的（indiferent）。它們可以分解成顏色性質、形式單元、
運動單元，或其軀體器官部位上的變化。然而根據不怎麼壞的推理，
它們可以被解釋成不能碎裂成爲部分的表現特徵，而是會展現出一種
單元（如人相學❸ 單元）結構的其他人思想之「表現」。

　　概略地說，這就是謝勒本人關於瞭解他人的理論。他稱之爲「異
我的知覺理論」（Wahrnehmungstheorie des fremden Ich)❸。很清
楚地，　它與謝勒的人類學及人格概念有交互的關係（interrelation):
只要人們仍與其軀體的感覺糾纏在一起，他就不能發現一條達到他人
生活的路徑。沒有人能測量他人的軀體感覺。只有作爲一個人格，他
才能找到接近其他人格的思想流的路徑。　然而人格不是主詞我（the
I)，人格及其行動從來是不能被客觀化，主詞我則總是能客觀化的。
而在人格及其行動的意向反省變得不可能時，其他的人格的行動則只
有在共同演出（co-performing）、預先演出（pre-performing）和重
複演出（re-performing）它們時才可能被測量。

　　然而這一點涉及到謝勒的其他理論，並顯示出了某種不一致來。
對於這種不一致的解釋，我們不能歸因於謝勒在其後期哲學發展中沒
有對其已發表著作中有關異我理論做修改而部分地做出這些理論。底
下的考察卽試圖要對這一事實的根由做解釋。

四、批判的考察

（一）相互主體性作爲一種先驗的問題

謝勒最深刻的洞見之一是關於異我問題所必須處理的不同層次間的區別。很不幸地，謝勒在建構他自己的理論時，似乎忘了堅持他自己所發現的區別。對於推導和移情理論，他根本就反對它們之假裝作不但對經驗的心理層面有效，並且還能解釋我們對異我存在的信仰，以及由此爲所牽涉到的先驗構成之問題提供解決辦法。根據其極具充分理由的批判，這些理論至少是無法完成這後一目標，這卽是爲何謝勒要設計他自己的知覺理論之故。然而，其對於解決先驗問題的貢獻爲何呢？存在有一經驗流的假設，在關於我的與你的之間（也就是包含著我們自己的經驗以及所有其他心靈的經驗上）的差別上並沒有什麼關係。結果，「我們」（we）的領域之給予是先於「我」（I）的領域；自身的領域相對遲緩地由一總括的意識背景中浮現出來。然而，他並不以在先驗領域中的分析，而是藉著取自兒童和原始人心理學的經驗事實來支持這個理論。

作爲一種形而上學的假設，謝勒的理論比其他關於此一題目的形而上學假設旣不較好，也不更差。附帶地說，一種超人格意識（superpersonal consciousness）的觀念在形而上學中有許多祖先。大多數的思想家都構作了這樣一種基本假設，黑格爾、柏格森、「心靈研究」（psychical research）的諸位創立者，嘗試結合馬克斯和康德的德國社會學家❹都屬之。然而我們很難看出，謝勒的假設何以比如萊布尼茲的單子論等對異我問題的解決有更大的助益。由於先驗現象學

(transcendental phenomenology) 作為一種科學的問題乃是建立在對先驗界的精密分析上❹，故而謝勒的假設並不提供令人滿意的解決。

　　事實上，我們必須坦白承認，異我的問題是任何先驗哲學的眞正癥結所在。　例如，　胡塞爾❷清楚地見到獨我論 (Solipsismus) 作為先驗還元 (transcendental reduction) 之結果的突出危險。　他極富勇氣地嘗試著去　「照亮這一黑暗的角落，　只有哲學中的小孩子才害怕它，　因為獨我論的幽靈纏繞著他」❸，　因此他在其《笛卡兒沈思》(*Méditations Cartesiennes*)❹的第五篇中提出了一個關於異我問題的解決；但不幸地，它仍沒有解決既存的困難。在做出了先驗還元，以及對由先驗主體性活動所建立之意識的構成問題做分析後；他在先驗領域中藉著取消所有直接或間接與他人之主體性有關的構成行動而單挑出他所謂「我自己的特殊領域」來。這是由藉著對涉及其他者的所有「意義」加以抽象，因而結果必須從周遭的自然界取消其主體性特徵而做出來的。於是自然界對我們不再是平常的了。所剩下的是極端嚴格意義下的我的私有世界。然而，在這個我自己的特殊領域中，某些藉由　「被動綜合」　(passive synthesis) 而出現被稱為「配對」(pairing, accouplement)或「成雙」(coupling) 的客體，它被比擬地以我們自己的軀體來解釋，因此被統攝 (apperceived) 成其他人的軀體❹。尤有進者，我以同樣的態度把其他人的軀體運動解釋為各種姿態，以及將他們的和諧行為解釋為其心靈生活的一種表現。在這種方式下，　其他者在我的單子 (my monad) 中被構成為一種不是「我自身」(I myself)，　而是一種次級的　「異我」　(alter ego) 的 「我」(Ego)。

　　這裏有許多困難，首先我們很難瞭解，從對涉及他人的所有意義所做的抽象，它如何能够因為要孤立我自己的特殊領域而以必要的嚴

格態度來表現，因為它正好不涉及我自己的具體先驗自我所特有構成劃分領域界限的其他者。因此，有些與其他者有關的意義必然地要存在於不涉及其他者的真正判準中。其次，胡賽爾稱之為「配對」的被動綜合歷程，有時甚至似乎是沿襲著某些錯誤的移情，顯著地受到謝勒的批判。第三，先驗還元的一般概念也引發了一個特殊的困難。這種還元除了統一我們的意識流外別無樹立，亦即說，這意識流是封閉的，只有對我自己的內在經驗和我的自反性的一瞥才開放——亦即是一個沒有窗戶的單子。在另一方面，這種意識流有意地涉入於我們的「生活世界」，生活世界在作為「表象」(appearance) 上，即使我對其真正存在的信仰已經懸擱了，但它仍要在先驗還元中原封不動地維持其全部內容。在自然的態度中，我知道這種生活世界並不是我的私有世界，而是從頭即對我們所有人是為相互主體性的。因此，我同樣有關於其他人及其內在生命的知識，並且這種知識不能因為表現出來的現象學還元而被認定是沒有希望的。胡賽爾所感到的事實引發在被還元的領域中把由「其他人」的意義抽象出來的策略 (device) 用來證明這一命題，而不是拒斥它。當然，所有在生活世界中所獲取的知識，它在能提出關於先驗領域之知識如何能夠由我的先驗主體性活動構成這種問題之前，必須在先驗領域做了還元之後而再予以重新指陳。先驗領域意義下的其他人概念的再指陳，顯示出其他人也是沒有窗子的單子。每一個單子都能做出先驗的還元和像我所作那樣對其指向相同生活世界（雖是括入括弧中）的意識流之所有意向性生活維持原封不動。因此，其他人同樣也要有他們的先驗主體性。結果將會存在有一個單子的宇宙 (a cosmos of monads)，並且它事實上是胡賽爾《笛卡兒沈思》中第五沈思的結局。然而我們必須嚴肅地問，在胡賽爾的概念中，先驗自我 (transcendental ego) 是否根本不是拉丁文

法家（Latin grammarian）所稱的「單純單數」（singular tamtum），亦卽是一個不能變化成複數的詞。尤有進者，我們絕無法確定，他人的存在究竟是否爲一先驗領域的問題，也就是說，在先驗自我（胡賽爾）或人格（謝勒）之間是否存在有相互主體性的問題；或相互主體性，因而社會性（sociality）它們根本就不完全屬於我們生活世界這個塵世領域（mundane sphere）

（二）相互主體性作爲一種塵世的問題

面對這種壓倒性的困難，我們在底下的考慮中想暫時拋開先驗問題，轉回到我們生活世界的現世領域中。我們的第一個問題是：在這一個領域中，謝勒的命題──卽「我們」（We）的領域是先於「我」（I）的領域被給予的──是否可證明爲眞？倘若我們維持自然態度，認爲是在其他人中的人，那麼其他人的存在對我們來說不會比外在世界存在更有問題。我們單純地生於其他人的世界中，並且在我們堅持自然態度時，我們並不懷疑靈明的同胞是存在的。唯只有極端的獨我論者（solipsists）或行爲主義者（behaviorists）才要求證明這一事實，故而靈明的同胞的存在變成了一種「軟性資料」（soft datum）而無法確證（羅素）❹，然而在其自然態度中，卽使這些思想家也不相信這種「軟性資料」。另一方面，他們無法在交相證明其他人的聰敏是一個有問題的事實之會談中與其他人相遇。只有在人類不是像術士的小人兒在試管中一樣調製出來，而是由母親生養的，那麼「我們」（We）的領域就率直地被預設了。對於謝勒，我們至此可以同意他的「我們」的領域先於「我」的領域被給定的說法。

然而有一個嚴肅的異議：很清楚地，只有涉及「我」（me），卽從事行動和思想的個體，其他人才會得到把我標以代名詞「我們」

（we）的特殊意義；並且只有涉及「我們」（us），也就以「我」（I）
為其中心者， 其他人才突顯出為「你」（you）；並且在涉及要反過來
涉及到「我」（me）的「你」（you）時，第三團體才突顯出為「他們」
（they）❹。 的確， 在日常生活的行動和思考中，我並不意識到所有這
些我稱之為其他人及 「我們」 （we）、 「你們」 （you）和 「他們」
（they） 的行動及思想之對象， 它們是與我自身有關， 並且只有在我
的存在於這個世界中當作為一自身才能使這種關 係和 相 對 性成 為可
能。我正是居先地生活在其他我在「我們」的關係下而聚集起來的人
類中，而作為「我」的你則生活在我於左右關係下聚集起來的外在世
界之對象中。如胡賽爾所說，我是生活在我的行動和思想中，在這樣
做時，我必然地被指向於我的行動和思想的對象。然後，我的思想流
似乎成了一股無名的流。 「它想」 （It thinks）， 而不是「我想」（I
think）， 這是詹姆斯❹所建議的公式， 而杜威 （Dewey）❹甚至拒絕
「思想流」 （stream of thought） 一詞， 並希望適切地談一種「被經
驗到之事物的進程」 （ongoing course of experienced things）。

倘若我素樸地生活在我指向於對象的行動中，那麼所有這些都是
正確的。然而， 我總是可以——就像杜威以這樣意味深長的方式說出
——「停止並思考」 （stop and think）❺。 一直停在自然態度上， 這
意味著沒有從事先驗的還元，我總是可以在一種反思的行動中從我的
行動和思想對象 （objects of my acts and thoughts） 轉到我的動作
（acting） 和思考 （thinking）。 在這樣做時， 我把我先前的行動和思
想轉變為其他人的對象， 也就是我藉以掌握它們的反思的思想。 於
是， 至今一直被我的行動和思想所遮蔽的我的自身 （my self） 出現
了。 它並不單是為要在它的視域 （horizon） 或在其中心出現而進入
到我的意識場中 （field of consciousness）； 而無寧是它單獨地構成

了這一意識場。結果，所有表現出來的行動、思想、感覺都顯示出，它們本身是在「我的」先前動作（"my" previous acting）、「我的」思考（"my" thinking）、「我的」感受（"my" feeling）中產生的。整個意識流徹徹底底是我的人格生活流（the stream of my personal life），並且我的自身（my Self）被表現在任何我的經驗中（my experiences）❺。

　　謝勒在勾劃他關於異我的知覺理論上並沒有把生活在以其他人作為對象的行動和思想中的素樸態度和對這些行動及思想做反省的態度區分開來。也許是他假設了不可能有對行動的意向性反省，故而阻止了他從事這種分析❺。然而，倘若我們在這兩種特化了的態度中引入區分，那麼底下的異議便可用來針對謝勒的理論：

　　1.我們不是生活在其他人中，而是在我們自己的個體生活中的命題，唯只有在我們將我們的行動和思想指向於其他人而用來作為行動和思想的對象這種素樸態度中才成其為真的。

　　2.沒有一種不指出其所屬之個別意識流而給予「我」（me）的經驗這種東西。卽在我轉向經驗流時，此亦卽是指當我採取反思的態度時，這一流便徹徹底底是「我的」經驗流（the stream of "my" experiences）。

　　3.我的某些經驗涉及其他人的思想這一事實並不能摧毀它們之屬於我的（my）或單只屬於我的個別領域的特徵。在思考出他人的思想中，我把它們想成「被我思考的其他人的思想」（other people's thoughts thought by me）。在忍受其他人時，我從開始便指向於「被我重造的其他人的苦難」（other people's suffering as reproduced by me）。關於我會懷疑我某一思想的根源是存在於我的思想流中，抑或其他什麼人的思想流中這一點，它確定了思想只不過是我現在有

的那般；其他人的思想、連同著我的懷疑，現在都是我的經驗的內容了。

4.企圖指出兒童和原始人緩慢地意識到其自己為個體的現代兒童心理學及原始人心理學研究之成果，它們是不能也不願與人論辯的⑬。然而這些證明剛好證明：兒童和原始人很遲才學會反思的技巧，並且他們是生活在直接指向於其對象的行動中；而後他們也可能變成其自己行動的對象。

謝勒對於自身意識問題的態度是非常不一致的。在一方面，他承認任何經驗都屬於一個自身 (Self)，以及這個自身是一個呈現在其任何一個經驗中的個別自身⑭。進一步說，他承認人可以藉由內在知覺掌握其自己的自身這種可能性。當然，去掌握這種一直都是為客體，而從不曾是這樣一種知覺活動的主體之自身，這是人格的特權⑮。然而，做為一個人，亦即是要為一個有能力成為一個自身的人格；相反地，動物擁有的是沒有自身意識的意識。它聽並看，但沒有關於它這樣做的知識⑯。在另一方面，謝勒否認有任何能指向行動的意向性反思，因為人格及其行動從不能被客觀化⑰。

關於這一奇怪的概念的理由有：(1)人格概念的不一致性，謝勒關於人格的觀念的根源必須要在其宗教哲學及倫理學中找尋。唯一緊接下來的是神性不可對象化的人格概念，以及自由的倫理行動主體之投入從事一種半現象學的認知理論 (a half-phenomenological theory of cognition) 和與先驗主體性概念之併合。(2)第二個理由是在於單純屬於自身的「功能」(functions)和屬於人格的「行動」間的人工區分中。(3)為要在社會學及歷史哲學領域中建立起他的一些理論，故有主張一超個體意識之概念的必要⑱。

然而還有別的理由會導致這位哲學家否認由反思掌握行動的可能

性。雖然他從來沒有提到底下的問題，但它可能是存在於其概念的根柢處。

五、異我的普遍命題及其時間結構

我們剛剛畫定了兩種不同的態度：其中一個是生活在我們的行動中，是指向於我們的行動對象上去的；另一個則是反思的態度，我們藉著它而轉回到我們的行動，藉著其他的行動而掌握它們。我們現在必須注視此兩種態度的時間結構。在採取第一種態度上，我們是生活在我們的現在，並且指向於我們以我們的期待而參予之的直接未來。這些期待——胡賽爾把它當作「反顧」（retentions）的相對項而稱之為「預顧」（protentions）❸——當然是屬於我們的現在行動。它們是我們的現在的元素，雖然它們涉及直接的未來。也就是說，它們持續地把未來拖拉到我們的現在。當然，這一現在並不是在時間線條上的一個單純的數學點。相反地，我們借用詹姆斯（James）的術語❹，它是一個外觀像是真的現在（a specious present）。而偉大的 G. H. 米德 （G. H. Mead）， 他則以一本極其卓越的書❺專門研究其結構。生活在我們的行動中，意即是生活在我們外觀像是真的現在中，或如同我們可以稱呼是生活在我們活生生的現在（vivid present）中。然而，如同我們在前面所指出的，生活在這樣子中，我們並不意識到我們的自身和我們的思想流。我們無法不以反思的扭轉行動來趨進於我們的自身領域。然而，我們以反思行動所掌握到的絕不是我們思想流的現在，並且也不是其外表似真的現在；它總是是它的過去。正就在這個時刻，被掌握到的經驗屬於我的現在，然而正在掌握它時，我知道它不再是現在了。 並且， 即使它繼續著， 我也只藉著一種「後思

想」（after-thought）來意識我對於指向其初發動階段的反思扭轉已經與其延續併同發生了（…that my reflective turning towards its starting phases has been simultaneous with its continuation）。因此，整個的現在以及我自身的活生生現在是不可能被反思態度所接受的。我們只能扭轉回到我們的思想流——設若它與最後被把握的經驗一同停止。換句話說，自身意識只能「modo praeterito」式地，也就是在過去式中被經驗到。

現在讓我們再回到素樸的日常生活態度中，也就是我們生活於我們指向於其對象的行動中的生活。這些我們於活生生現在經驗到的對象乃是其他人的行為和思想。例如，在聆聽一位演講者時，我們彷彿直接地參予到他的思想流的發展中去。然而——並且這一點明顯地也是決定的一點——我們在如此從事時態度是很不同於我們藉反思而扭轉向我們自己的思想流中所採取的。我們在其活生生的現在，而不是在過去式（modo praeterito）中抓住其他人的思想。也就是說，我們是以一種「現在」（Now），而不是以一種「正是現在」（Just Now）⑫而抓住它。 其他人的言說和我們的聆聽是以一種活生生的同時性（vivid simultaneity）被經驗的⑬。 現在他開始一個新句子，他一字接著一字地添加上去；我們不知道句子如何會結束，以及在它結束之前我們無法確定它所意味的是什麼。次一個句子連接著第一個句子，一段跟著一段，現在他表達了一個思想，並傳遞給別人，而整體則是在其他演講中的一個演講等等。它所依賴的場合乃是我們會在如何程度下順著他的思想的發展。然而一旦我們如此做了，我們就參予入其他人思想的直接現在中去了。

我能夠把握其他人的思想流，此即意味異我的主體性是在其活生生的現在中⑭；然而我只能藉著反思其過去而把握我自己的自身，這

個事實引導我們到一個異我的定義: 異我是可以在其活生生的現在中被經驗之主體的思想流。爲要使它們明白可見，我們無須虛設地去中止其他人的思想流，我們也無須把它的「現在」(Nows) 轉變成「正是現在」(Just Nows)。它是與我們的意識流並行的，我們共同分享了同一活生生的現在，──換一個說法，我們一起成長 (we grow old togather)。因此，異我是我可以藉我自己的並同活動而在它的現在中衡量其活動的意識流。

這種在活生生的同時中對其他人的意識流的經驗，我建議稱之爲「異我存在的普遍命題」 (general thesis of the alter ego's existence)。顯然地，這種不是我的思想流顯示出了與我自己的意識相同的基本結構。這意卽: 其他人像我一樣能够行動和思考; 以及他的思想流顯示出完全像我的一樣的關連性; 並且與我自己的意識生活一樣，他的也表現出同樣的時間結構，而帶有反顧、反思、預顧、參予的特殊經驗，以及因而還有其記憶和注意的現象，思想的核心和視域，及所有關於此的修正。更進一步說，它的意思是: 其他人能够像我一樣不是生活在其指向於其對象的行動和思想，便是扭轉到他自己的行爲和思考; 以及他只能在過去式中經驗到他自身，但是他可能在一種活生生的現在中注視我的意識流，因此，他有同我所知道和對他所做那樣真正地一起成長的經驗。

作爲一種潛能，我們每個人都能在回憶所能達致的範疇中回到其過去的意識生活; 然而，我們對其他人的知識仍一直限制在我們對他所觀察的生活時段和其外觀表現上。在這種意義下，我們每一個人對自身知道得比其他人多些。但在一種特殊意義下，矛盾是真的。在我們每一個人都能在活生生的現在經驗到其他人的思想和行動，而任何一個人卻只能藉由反思方式以過去式把握其自己的情況下，我對別人

的知識和他對我的知識比我們中任何一個人知道自己的意識流知道得更多。這種我們所共有的現在是純粹的「我們」（We）的領域。並且倘若我們接受這個定義，我們就能同意謝勒關於「我們」的領域先於自身（Self）的領域被給定的主張——雖然謝勒從不曾意識到我們上面剛剛所勾劃的理論。我們無須反思的行動於是參予了「我們」的活生生的同時性中，然而，這個「我」（the I）只有在反思的扭轉後才出現。並且我們的理論（確定地是在另一個層次上）與謝勒的命題都集中於行動不可對象化以及其他人的行動只能藉由重現之而被經驗到兩點上。因為我們不能在其真正的現在中把握我們自己的行動，而只能攫住我們那些已成為過去的行動；但我們在其活生生的表現中經驗到別人。

所有我們描寫為「異我的普遍命題」的是一種關於我們在塵世領域中之經驗的描寫。它是「現象學心理學」的一部分，就像胡賽爾把它當作「先驗現象學」的反題來稱呼它一樣❻。然而，一種塵世領域分析的結果倘若是真的話，那麼它是不能由任何可能是為要用來解釋我們對其他人存在的信仰而做之基本假設（形而上的或存有論的）來責難。不管「我們」的根源是否涉及先驗領域，我們在塵世領域中的異我的直接且真實的經驗是不能被否定的。然無論如何，如同前面所勾劃的，異我的普遍命題是經驗心理學及社會科學之基礎的一個充分參考間架（a sufficient frame of reference），對於所有我們關於社會世界以及最隱蔽和最疏僻的現象和最分歧的社會型態之知識，都是建立於在活生生的現在中去經驗一個異我的可能性上❻。

六、異我的知覺

然而，這種異我的經驗是一種知覺嗎？倘若是的話，是如同謝勒所主張的一樣爲一種內在知覺嗎？這點似乎相當像胡賽爾所曾指出一樣是一種術語問題❺。 倘若我們不是在 「適當的知覺」 (adequate perception)，也就是在一種本源的、提供顯明性的經驗這種限制性意義下來了解知覺一詞，而是或多或少有充分理由地相信把事物當作現在來統攝 (upperceiving)，那麼我們便可以把我們對其他人的經驗稱作爲一種知覺。倘若我聆聽其他人，我是如其所是地知覺他；更進一層，我在談話、證明、懷疑、意願等中知覺他。並且在同樣的限制中，我也能說，我知覺他的憤怒、他的苦難等，然而這樣一種知覺是內在的嗎？倘若我接受胡賽爾的定義，即當知覺對象屬於與知覺本身同樣的經驗流時，便發生了內在知覺；那麼我們所有的關於他人思想的知覺當然也都是外在的或超越的 (transcendent) 知覺。 它們是對於它們的對象的存在的信仰，比起我們對所有其他外在世界對象的存在的信仰，它們的根據既不更好也不更壞。然而，倘若我們接受謝勒的定義， 即內在經驗涉及所有心電或心理生活 (psychical or mental life) 的對象，那麼， 我們關於其他人的思想的經驗， 再也沒有比一個包含在內在知覺一詞下的理由更壞的了。我們似乎需要以同謝勒一樣的方式去分辨我們對於其他人的存在之經驗，即異我的普遍命題，以及我們關於 (of) 和對於 (about) 其他人特殊思想的知識。 根據我們的理論， 在當我們自身同樣參予於屬於我們意識流的 「我們」 (We) 之活生生的同時性時，事實上最先有的是胡賽爾極端意義下的內在意識。至少在這個程度下，該 「我們」 從一開始起便總是與「自身」 (the Self) 有關。然而我們關於別人的思想的經驗是超越的，因而，我們對那些思想的存在的信仰亦是一種在原則上爲可疑的信仰。

當然，這不是意味著我們關於其他人的存在或甚至關於他的思想

的知識直接涉及其他人的心物存在 (psychophysical existence)， 特別是涉及關於其軀體的感知。倘若謝勒一再強調：涉及其他人的參考間架，例如可解釋的記號或符號系統的單純存在，便足以證明對其他人格存在之信仰這一點，他確實是對的。我們必須再增加上，任何產品、工具、藝術品及加工品也都涉及其製造者。這是人類活動的無情結果，並且藉著重複這個導致其存在的行動，我們總是可以不必定要涉及其他人的軀體便能獲得通往其他人思想流的捷徑。我們了解一首交響樂並不須想及作曲家譜曲的手。然無論如何，軀體的功能在於知道別人的思想上仍是最重要的了。

七、 關於相互主體性之視野的問題

謝勒對這個功能的各種面貌做了描寫。其他人的軀體對他來說，首先是一種表現的場所 (a field of expression)。然而，世界上沒有東西會在某些條件下不具有某一種表現價值，或更正確地說，我們無對之加給予如此一種價值的東西。任何偉大畫家的靜物畫或風景畫便是例子。因爲作爲一種 「表現的場所」 並不是一種事物所固有的性質。這個世界是以一種可能的解釋之對象被給予我們的，我們可能藉著把我們自己的向外性感覺加予它而來解釋它。於是，表現是我們自己投射到一個外在世界之對象的感覺❻。

然而，根據謝勒的看法，對於了解異我的問題，軀體的主要功能是在於它作爲我們內在和外在經驗之內容的偉大選擇者和分析者。我們從謝勒的其他著作中知道，這個思想結聚了柏格森 (Bergson)和詹姆斯(James)的某些著名理論，並且可以簡單地說，它包括著他後來發展出來的實踐的認知理論(the pragmatic theory of cognition)❻。我

們無法在現在的討論間架中對這一有趣的理論做詳細的說明和批判。然而，軀體的其他功能似乎對共同生活世界的解釋及異我的問題具有絕對的重要性。此點胡賽爾在其《笛卡兒沈思》❼ 中曾作過敍述，而在它導致一種有關異我問題的新的結集 (a new grouping) 時，它將會在此作為一種理論而找到其地位。我自己的軀體對我來說是世界的時空秩序之導向中心。它只以「這裏」(the "Here") 的中心而給予我，然而其他人的軀體則是以「那裏」("There") 而給予我。這個「那裏」可以由我自己的擬作肌感運動(kinesthetic movements)來修正。對於我自己的軀體可以像空間中其他可運動固體一樣被解釋的事實，其理由乃基於我在改變我的姿勢，例如繞著走時，我可以把任何的「那裏」轉變成一個「這裏」之故。這點涵蘊著我可以像從「這裏」一樣從「那裏」覺知同一個東西，只不過是從一個屬於我的「那裏」的角度罷了。因此，其他人不能與我的自身等同，在當他的軀體對他來說仍停留在其絕對的「這裏」之中心時，相反於此，他的「這裏」對我來說則一直是一個「那裏」。倘若我不是「這裏」，而是「那裏」時，我提供給他的是與我所擁有的一樣的視野，反之亦然。我們兩人所知覺的外在世界之對象是同一個，但是它們是在「從這裏看去」(seem from Here) 的視野中呈現給我，而在「從那裏看出」(seem from There) 的視野中呈現給他；而這意卽，在當我藉著我的擬作肌感運動把我現在的「那裏」轉變成一個新的「這裏」時，它們將會呈現給我。

關於這一點，當萊布尼茲 (Leibniz) 說：任何的單子都反映整個宇宙，不過是從其他視點罷了，他似乎也對此做過考慮。事實上，胡賽爾從空間問題上所發展的視點原理 (the principle of perspectives) 必須要應用到我們相互關連之經驗的整個結構場所中去。為要

說明「這裏」和「那裏」，我們必須要藉著對「現在」（Now）和「然後」（Then）的時限性視點（the time-bound perspectives）、「我們」（We）及「他們」（They）的社會視點及家屬性（familiarity）和陌生人性（strangeness）的人格視點之分析而在異我的普遍命題的進一步發展中來從事（此工作雖不直接涉及軀體）。謝勒關於異我的理論正就是去開啟現象學心理學龐大領域的第一步。並且只有對異我的普遍命題的所有意涵做細心的研究，如此才能更接近地帶我們到人如何如夠了解其他人這個謎的解答上去。而所有的經驗心理學和所有的社會科學將都要把這種解決視為理所當然的。

註　　釋

❶ *Die Stellung des Menschen im Kosmos*, Darmstadt 1928.

❷ 〔譯註〕謝勒晚年從事此工作，雖不能成書而去世，留下零星遺稿，現已由 Manfred S. Frings 整理編輯成書，請分別參閱謝勒的《遺集》第二、三兩冊，該書前由 Bern 及 München 的書店 Francke 發行，現則改由西德 Bonn 的 Bouvier 書店出版發行。

❸ 同❶所引書，頁 16 以下。

❹ 同❶所引書，頁 24 以下。

❺ 同❶所引書，頁 31 以下。

❻ 同❶所引書，頁 39 以下。

❼ W. Koehler, *Intelligenzpruefungen an Menschenaffen, Abhandlungen der preusischen Akademie der Wissenschaften*, 以及 *The Mentality of Apes*, 1925.

❽ 參見 Gordon W. Allport 教授在美國心理學學會 (the American Psychological Association) 在一九三九年召開第四十七次年會主席致詞中所做有關心理學中實驗方法之限制的卓越批評，該文題為: "The Psychologist's Frame of Reference", 刊於 *Psychological Bulletin*, Vol. XXXVII, 頁 1-26, 特別是頁14以下。又參見 R. S. Woodworth 教授的文章: Success and Failures of Experimental Psychology, 刊於 *Science*, Vol. XCIII, 頁 265 以下，特別參見頁 269 以下。

❾ Scheler, *Die Stellung des Menschen im Kosmos*, 頁 44 以下。

❿ 謝勒在其著作《倫理學中的形式主義及實質的價值倫理學》(*Der Formalismus in der Ethik und die materiale Wertethik*) 頁 388 以下批判了康德的客體同一性概念。倘若客體只不過一個可以被一個「我」(an I) 等同的東西，那麼「我」亦可為一客體——而謝勒認為情況亦確實如此。然而對康德來說，「我」必然不是一客體——以它是一切客體的條件來說。但是根據謝勒的看法，康德的基本教義——亦即世界的存在依賴於其被一個「我」經驗到的可能性——只是康德的「先驗疑慮」(transcendental qualms) 的結果，曾被丟下不管的物自身，倘若我們自始便不以我們的經驗法則來連結它，那麼它將是會非常地不一樣。

⓫ *Die Stellung des Menschen im Kosmos*, 頁 55 以下。

⑫*Der Formalismus in der Ethik und die materiale Wertethik,*
[*Neuer Versuch der Grundlegung des ethischen Personalismus,* 初版刊
於《哲學及現象學研究年報》(*Jahrbuch für Philosophie und phänomenolo-
gische Forschung*) 第一及第二卷 (1913 年及 1916 年度),二版出版於 1921
年。] 以下簡寫爲《倫理學》,於此請特別參閱第六章。

⑬《倫理學》,頁 401 以下。 Nicolas Berdyaev 對 「自我與人格性」
(Ego and Personality) 間做過類似的分別,參見其著作《獨居與社會》(*Soli-
tude and Society*),頁 159 以下。新多瑪斯主義者(Neo-Thomists) 從非常不
同的角度來分辨「個體性」(individuality) 和作爲整體的「人格性」("person-
ality as a whole")。 (例如 Jacques Maritain: *Du Régime temporel et de
la Liberté*)。於此可惜沒有辦法深入討論 G. H. Mead《心靈、自我及社會》
(*Mind, Self and Society*) 及《行動的哲學》(*The Philosophy of the Act*)
兩書中對此問題的有趣解釋;他對此所採取的路數是很不同的。然而, Mead 的
學生可能會發現, Mead 和謝勒的某些特殊觀點是會斂聚在一起的。

⑭普遍地來說, 謝勒的人格理論與 William Sterm 的人格心理學的某些觀
點是會斂聚在一起的。 Stern 同樣也把人格性的存有 (the being of the perso-
nalities) 刻劃爲「後設心物的」 (meta-psycho-physical), 參見其 《人格與物
事》(*Person und Sache*)。

⑮《倫理學》,頁 403、408-410。

⑯《倫理學》,頁 404 以下。

⑰《倫理學》,頁 405。

⑱《倫理學》,頁 388、401、405。

⑲《倫理學》,頁 415-440,特別是頁 427。

⑳初版以 《同情感的現象學》(*Phänomenologie der Sympathiegefühle*)
爲書題於一九一三年刊行;改訂的第二版刊行於一九二三年,書名改題爲《同情
的本質及形式》(*Wesen und Formen der Sympathie*),我們引用的是第二版,
以後簡稱爲《同情》。

㉑《同情》,頁 248-269。

㉒對這些問題的回答, 謝勒在其晚期的著作中提出了與本文所述他的意見有
些不同的答覆, 參見如其著作《知識形式及社會》(*Die Wissensformen und
die Gessellschaft*, Leipzig 1926) 中〈知識的社會學之問題〉(Probleme einer
Sozidogie des Wissens) 一文,頁 48-54。

㉓有關「理解的人格性」(understanding personality) 的經驗心理學之問題
的卓越論述, 請參見 Gordon W. Allport 教授的著作《人格性——一個心理

學的解釋》(*Personality, a Psychological Interpretation*, New York 1937)，特別是第五部分，頁 499-549。

㉔《同情》，頁 269-273; 又參見《倫理學》。

㉕爲了精確陳述謝勒的思想，我們從 W. James 的《心理學原理》(*Principles of Psychology*, Vol. I, 頁 221) 借用了兩個術語: 「knowledge about」和「knowledg of」。

㉖〔譯註〕此段標題原作「inference and empathy」，「inference」一詞，原作者在下文中與「analogy」併同，其意義大致上是指廣義的「相干性推論」(relevant reasoning)，因此譯作「推導」。至於「empathy」則指一種對其他客體的呈現的神秘契入，通常字典常譯作「神入」; 在美學理論，此字常被譯爲「移情同感」或簡稱「移情」。我們於本文中，採取「移情」這一譯法，但必須注意的是這一用法在本文的脈絡中具有貶意。

㉗《同情》，頁 274-280; 參見 G. W. Allport 在其《人格性》一書中對此二理論所作的精確陳述和批判，頁 523-533。

㉘〔譯註〕Koehler, Stern, Koffka 三人都是心理學中所謂完型派 (Gestaltpsychologie) 的代表人物，他們強調任何心理現象都是不可化約成元素的機械組合，而是一不可分解的有機整體，關於此派的詳細內容，中文資料可參見《形勢心理學原理》一書 (臺北: 正中書局出版)，此書原作者是 Koffka，中譯是由我國前輩心理學家高覺敷譯出的。

又另一位 Levy-Bruhl，他是法國著名的社會學家，生於一八五七年，死於一九三九年，他以研究原始人的思維方式著名，其主要見解見於 *Les fonctions mentales dans les sociétés inferieures* (《低級社會中的心靈作用》，1910); *La mentalité primitive* (《原始人的心靈》，1922); *L'âme primitive* (《原始人的靈魂》，1927)。Levy-Bruhl 的著作中譯有丁由譯本，丁氏的譯文是根據俄文經由揉合上述三書輯編而成的譯本，詳見《原始思維》，列維—布留爾著 (北京: 商務印書館，1985)。

㉙〔譯註〕傳統三段論 (Syllogismus) 中的論證是由大詞、小詞和中詞構成推論形式，在推論中每個詞並都必須出現二次，若在推論中出現第四個詞，便違犯了這條規則，因而論證爲無效。詳細請參考各種古典邏輯教本 (此種教本，以中文寫作的有許多)。

㉚《同情》，頁 281-287。

㉛《同情》，頁 285。

㉜在他的《倫理學》中 (頁 543 以下)，他在所有「有限人格」(finite person) 中區分出兩個因素，卽「個別人格」(Einzelperson) 及「整體人格」

(Gesamtperson)， 前者是由人格的個別行動所構成， 而後者則是由於其社會行動 (social acts)。 兩者都是一具體的完整人格及世界的不同側面， 這個理論令我們回想起 W. James 對社會我 (the Social Self) 的解釋 (參見 *Principles of Pscychology*, Vol. 1. p. 293 ff) 以及 G. H. Mead 進一步的發展。

㉝《同情》，頁 284-293。

㉞〔譯註〕「兩實體交互影響理論」(the theory of the reciprocal influence of two substances, 德文 Wechselwirkung) 是指心與物分為二元， 但兩者能交互影響的理論； 「心物平行論」(psycho-physical parallelism, 德文 psychophysischer Parallelismus) 則主張心物二分， 且不能交相影響， 其世界中的秩序則或憑藉於機會 (Okkasionalismus, 卽法國哲學家 Malebranche 等人的理論， 或憑預定和諧 (如 Leibniz) 等， 關於此二概念的詳細內容請參閱各種哲學辭典相關條目， 茲不贅述。

㉟〔譯註〕這段譬喻是原作者借喻於柏拉圖《理想國》對話錄中著名的「洞穴之喻」， 請參見《理想國》第七卷 514A 以下。

㊱《同情》，頁 295 以下。

㊲《同情》，頁 301 以下。

㊳〔譯註〕「人相學」(physiognomy) 是一種類似我國面相或骨相的「科學」， 此派人士希望藉由人外觀的特徵來推斷出該人的人格及品德特徵。

㊴《同情》，頁 253。

㊵例如 Max Adler, Kant und Marx.

㊶Edmund Husserl, *Philosophie als strenge Wissenschaft*, 〔譯按〕， 此文首次於 *Logos* 雜誌第一卷 (1911) 發表， 本文另有單行本， 收於 *Klostermann Texte Philosophie* 叢書中， 該叢書是由 Frankfurt a. M.: Vittorio Klostermann 書店出版。 負責該書編輯的是著名現象學者 Wilhelm Szilasi。

㊷Husserl, *Formale und transzendentale Logik*, 頁 210。 〔譯按〕胡賽爾此書首次發表於其主編的 *Jahrbuch für Philosophie und phänomenologische Forschung* 第十卷 (1929) 中， 同時並單行出版。此書現已列入《胡賽爾著作集》(*Husserliana*) 第十七冊。

㊸〔Maurice Natanson 編註〕參見 A. Schutz 的 *Phenomenology and the Social Sciences*, 頁 124。 〔按此頁數指由 M. Natanson 所編輯 Schutz《著作集第一冊》(*Collected Papers*, I) 的頁碼， Schutz 此書由荷蘭海牙的出版社 M. Nijhoff 列入《現象學叢刊》(*Phaenomenologica*) 中， 於一九七一年出版。〕

㊹*Méditations Cartésiennes*, V, 特別是 44-45 各段。 〔譯按〕Schutz

寫作本文的時候是在一九四二年以前（因此文是刊登在一九四二年 *Philosophy and Phenomenological Research*, 第一卷第三期的謝勒專號上）。當時胡賽爾此書的德文原稿仍未出版，學者引用的依據是一九三一年出版的法文譯本，現在此書的德文原本已列入《胡賽爾著作集》第一冊，由荷蘭出版社 M. Nijhoff 發行。

❹根據胡賽爾的說法，這種「配對」絕不是一種類比的推導。它倒不如說是一種被動綜合的形式，就像在聯想的歷程中，藉著它，一種事實的經驗回涉到其他不能取得事實呈現，而只是被擬攝（appresented）的經驗。因此，其所指之被呈現的及被擬攝的這兩種與料便構成類似性的統一中的一個配對（a pair in a unity of similarity）。胡賽爾未刊行的手稿中可能有更詳盡對如此描述的程序的說明。(M. Natanson 編註: 參見 A. Schutz, *Symbol, Reality, and Society, Collected Papers*, Vol. I. p. 294 ff.)

❹B. Russell, *Our Knowledge of the External World*, London, 1922, Lecture III, pp. 72 ff; 又參見 R. Carnap, *Scheinprobleme der Philoso-phie*, Berlin, 1928。

❹這一點也許可以視爲 Koffka 著名的「自我定位」(location of the Ego) 理論的補充: 根據 Koffka 的說法，自我（the Ego）是存在於左與右之間、前與後之間、過去與未來之間。然而這種定位也可以以社會的字眼來給定。

❹*Principles of Psychology*, Vol. I, p. 224.

❹例如他的論文: The Vanishing Subject in the Psychology of James, *Journal of Philosophy*, Vol. XXXVII, p. 22.

❺*How We Think*, Boston, 1910, 及 *Human Nature and Conduct*, New York, 1922.

❺A. Gurwitsch 在一篇題爲「A Non-Egological Conception of Consci-ousness」（一個非自我論的意識概念）的文章中於論沙特（Jean-Paul Sartre）的理論處曾處理到這個問題，文見 *Philosophy and Phenemenological Research*, Vol. I, 頁 325-338. Sartre-Gurwitsch 與本文所持的自我論（the egological theory）相對立的論證約略如下: 只要我們不採取反思態度，自我便不會出現。反思意卽藉行動 B 掌握行動 A 而使得前者成爲後者的對象。然而，行動 B 並不因而被第三者掌握而成爲其對象。對於行動本身的掌握，它是要以非反思態度在同屬一意識流中剛好與心理事實外的某些對象有關連的情況下被經驗到。事實上，藉著反思行動，被掌握到的行動是能夠獲致人格結構以及一種先前不能被掌握與自我的關係。然而去掌握的行動只處理作爲對象的自我，它是被掌握了的自我，而不是去掌握的行動的自我。在另外一方面，被掌握的行動在它被

掌握之前就已被經驗了，而反思雖然需要對它所掌握的行動做修改，但這僅意味著所有行動的結構及成素只不過明白地被說成，它們這些旣予的東西沒有一個是由反思所引發的。反思只做除蔽（disclosing），不做生產（producing）。於是，反思如何能夠引發一個新對象，即自我這個在行動A被掌握之前不會出現的東西呢？答案是：自我是通過被掌握的行動而出現，而不是在被掌握的行動中出現。存在有某些如性癖（dispositions）、 行動（actions） 的心靈對象及如德性、 過錯、天賦等材質的綜合統一體。這些心靈對象在自我中有其支持，自我從不能被直接理會， 而只能在反思中以在境域中性癖（the dispositions at the horizon）背後的出現來領會。自我旣不存在於意識行動中，也不存在於其背後。它與意識相對而立並且立於意識之前（It stands *to* consciousness and *before* consciousness）：它是反思行動的所思相關項（noematic correlate）， 故而沒有必然的自我顯明性。它是通向懷疑的。

我們於此無法徹底深入討論 Sartre-Gurwitsch 的論證，他們的論證於我看來並不那麼決然。倘若他們承認， 去掌握的行動B根本是在處理自我（雖然是處理只作爲對象的被掌握的行動的自我， 而不是涉及去掌握的行動的自我），那麼這個自我便會以演出的行動A （或更正確地說，是以已演出的行動A，因爲反思只能涉及過去） 而被行動B掌握到。倘若第三個行動C掌握到行動B，並經由此而掌握到行動A，那麼行動C所處理的自我便以已演出的行動B和行動A被掌握到， 並且它不管一切在和由內在時間中的經驗湧流所遭受的修正而以同一個自我被掌握到。尤有進者，在反思中的自我何以從來不能被直接理會，而只能在境域中的性癖背後出現，這點仍是不清楚的。甚至「境域」（horizon） 一詞也用到了自我論的意識中去，在自我論意識中，Sartre 及 Gurwitsch 所用的術語單只有「間架」（frame）、「境域」（horizon）、「性癖」（desposition）、「行動」（act）等詞爲有意義。同樣地這也適合於 Gurwitsch 引用來說明其命題的例子。 在當我抱著患難的態度來看待我的朋友並幫助他時， 倘若他 （指 Gurwitsch） 說這不牽涉自我論的層面， 並認爲給予我的恰就是 「我的在需要幫忙中的朋友」（my-friend-in-need-of-aid）， 那麼我們必須要指出， 以連接線連接的 「我的」、「朋友」、「需要」、「幫忙」各詞的任何單一元素都已涉及能使它們各別單獨存在的自我了。

❷謝勒在討論人格理論中是以相當隨便而非以很決然的證明來做那個推述，參見《倫理學》，頁 388 及 49。當然，他的陳述涉及現象學基本原理，亦卽任何那種能夠藉反思行動而被掌握的經驗的放棄， 參較胡賽爾的 Ideen 一書， 特別如 45、78 兩段。（按：此處所指的 Ideen 一書是胡賽爾的 *Ideen I*， 亦卽是胡賽爾於一九一三年首次發表於其所主編 *Jahrbuch für Philosophie und phänomenologische Forschung* 第一卷中題名“Ideen Zu einer reinen Phänomenologie und phänomenologischen Philosophie”的名著，由於此書題爲名的著作還有兩册在其死後才整理出版，故一九一三年發表部分，學者都簡稱爲 *Ideen I*，又此三册以 Ideen 標題的著作，今分别編列於《胡賽爾著作集》第三、四、五册。

(53)關於兒童缺乏自身意識的理由簡述，請參見 G. W. Allport 的《人格性》(*Personality*) 一書，頁 16 以下。

(54)參見上引書，頁 162-163；又《同情》，頁 284 以下。

(55)參見上引書，頁 154 以下，又《倫理學》，頁 404。

(56)參見上引書，頁 153-154；以及《人在宇宙中的地位》(*Die Stellung des Menschen im Kosmos*)，頁 51。

(57)參見上引書，頁 154 以下，及《倫理學》，頁 388、401。

(58)特別是在他的著作《知識形式及社會》(*Die Wissensformen und die Gesellschaft*) 中〈知識的社會學之問題〉(Probleme einer Soziologie des Wissens) 一文，參見 Howard Becker 及 Helmut O. Dahlke 兩人合著的 Max Scheler's Sociology of Knowledge 一文，該文刋登於 *Philosophy and Phenomenological Research*, Vol. II, 1942。

(59)例如 Ideen (按指 *Ideen I*)，頁 77 以下。(按頁碼部分原文作 p. 77f，此不知係原作者的錯誤或排印上的錯誤，正確的記法是 §77，也就是胡賽爾本人分段上的第七十七段，茲更正如上。)

(60)*Principles of Psychology*, Vol. I, p. 609.

(61)*The Philosophy of the Present*, Chicago 1932.

(62)〔譯註〕「Just Now」這一用法，我們在語感上可以察覺是對已經發生了的現在的指陳和強調，它與「Now」的差別，我們或可以借用胡賽爾的「retention」和「protention」(雖然不是很嚴格的使用) 來說明，「Now」是一種「protention」的現在，而「Just Now」則是一種「retention」的現在。但此二詞在譯成中文時，譯者感覺到極難在字面上將語感上所具的意涵表達出來，今但借字面上的表述試圖來傳達這兩種「現在」的微妙限定。如此或亦少却由譯者自行添加太多個人的解釋吧!

(63)我們使用「同時性」(simultaneity)一詞，其正確意義與柏格森(Bergson)在其著作《緜延與同時》(*Durée et Simultanéité, A propos de la théorie d'Einstein*, 1923, p. 66) 所用者相同：「我稱爲同時的是指在我意識上爲一或爲二都無所謂的兩個流，因爲我的意識在當它樂於不對它們做分別的注意行動時，它把它們一起知覺成一個單一的流；或在另一方面，當它喜歡分別開它的注

意時，它不以把它們割離爲二地對它們做澈底的分辨。」

❻我們無須涉及有關言說媒介的社會相互關係性的例子。誰若打過網球、演奏過室內樂或談過戀愛，他便曾在他直接的活生生現在中抓住過其他人。

❻參見 Husserl 爲《大英百科全書》(*Encyclopaedia Britannica*) 第十四版所寫的「Phenomenology」條文。

❻此點在拙著; *Der sinnhafte Aufbau der sozialen Welt*, Vienna 1932; (第二版 1960) 中有論述。

❻*Logische Untersuchungen*, Vol. II, 頁 34 以下。

❻當然這正是「表現」(expression) 這個最曖昧的字眼的「一個」(one) 意義。參見 G. W. Allport, *Personality*, 頁 464 以下。

❻參見其 *Die Wissensformen und die Gesellschaft* 中 "Erkentnis und Arbeit"（〈知識與勞動〉）一文。

❼參見胡賽爾此書中第 53 節以下。

附論：沙特的異我理論❶

　　與本文作者一起考察沙特基本立場的 那些 沙特 哲學 著作❷ 的讀者，不可否認地必然要承認他努力地在找一條通往相互主體性問題的路徑。別人的存在以及其繁複的表現的問題，它們都已經從各種觀點精確地被分析研究過了❸。本文的目的即是想討論其中的某些項。並對相信沙特正中要點的研究是其思想中最有價值的一部分，以及相信人們可以相對獨立於存在主義的基本問題來探討這一問題的看法予以擔保。

一、沙特對相互主體性的實在論取向及唯心論取向的批判❹

　　沙特拒絕實在論及唯心論者想藉對其他人存在的認知過程當爲確實性而予以證明的企圖。實在論者斷言外在世界是實在的，並且在其中的其他人軀體是既予的，但他們卻從不曾成功地證明，這既予的軀體是不只爲一軀體，而是其同胞的軀體，除非他默默地把其他人心靈的存在預設爲一確實性，並因而遁入唯心論的命題中去。不管他是採取激進的行爲主義立場，把其他人的存在肯認爲是確實的（雖然承認

我們對它的知識只是爲可能），或是相信我們對其他心靈的知識，沒有兩樣地是由推理程序、類比、或移情、或同情而顯示出來。其他人一直可能只不過是他的軀體，並且無論如何，其他人的人性存在(human existence)一直只是個猜測。

對於唯心論者來說，其他人正是我的呈現（my presentation），也就是一種涉及其他現象的現象。然而，與其他人存在有關的現象羣(the group of phenomena)從一開始就是藉著它們在有組織的形式如姿態、行動、表現、行爲等的顯現來區分的。這些組織化的形式必然地涉及一個超出於我的經驗，而且根本不能被我接受的有組織之統一體。唯心論的基本命題是：主體之把所有其印象組織入一個系統中，這乃是一個所有可能經驗的條件。這個命題如何能够與把其他人當作去組織我對他之經驗的「他的」經驗之綜合統一體的預設相容呢? (assumption that the other as a synthetic unity of his experiences organizes my experiences of him) 在我所經驗到張三發怒以及其臉上發紅中間，我們是否有需要去設定一個因果關係呢? 這是不可能。因果性的概念——至少在康德的體系上——必然涉及一屬於某一同一個體意識之現象間的關係。事實上，康德的因果性只不過是在不可逆形式下我的內在時間利那的統一。我們如何肯定因果性統一了我的及他人的意識時間呢? 在其他人表現其自己的決定（一種屬於其意識的事件）及表現本身(一個屬於我的經驗的現象)之間要建立什麼樣的時間關係呢? 除非假定了一種神秘的預定和諧(pre-established harmony)，不然我們沒有辦法——不管是藉同時性或藉延續性——想出我們內在時間利那是與其他人意識中的內在時間利那連在一起的。甚至在這種假設上，這兩個流仍一直沒有關聯起來，因爲對每一個意識來說，把時間片刻的綜合統一到一個流中去，這是出自於一種

主體的行動的。

　　但唯心論者可能會論爭說「其他人」(the Other) 的概念根本沒有構成的作用 (constitutive function)，它只是一種規制的概念 (a regulative concept)，一種爲了要對我們關於它的經驗之表面統一加以確證的「先天的」假設 (a hypothesis a priori)。首先，作爲單純對象的眞正其他人知覺將會一直牽涉到一種一貫的呈現系統，這種呈現系統並不是我的，因爲它不是出自於我的意識場中。尤其有一組現象，它只基因於其他人存在，也就是一種極端不同於我的意指系統和經驗系統時才會出現。事實上，構成我對別人作爲一具體可知對象的經驗並不是其他人，而無寧是我的某種經驗類型，這種經驗誘使我把其他人構作成爲主體。經由我對其他人的經驗，我持續地注意著其他人的情緒和意願，他的思想和個性。其他人不只是我所見到那樣的人，而且也是見到我的那個他。我注意著他及他的經驗組，在這經驗組中我同其他對象一樣也被擺成一個對象。在嘗試確定其他人經驗系統的具體特性以及我在其中的地位上，我必然地要超越我自己的經驗場以及摧毀我的意識的統一性。結果，「其他人」的概念決不能被解釋成一單純的規範觀念。

　　其他人，卽我的思想的一個對象，它在這一眞正思想中被置定爲一主體：這是唯心論的兩難。想解決它可以藉著：或是完全放棄其他人概念，也就是證明它在構成我的經驗上不是必要的；不然就是斷定在我的和其他人的意識中存在有一種眞正且超出於經驗的溝通。第一個意圖導致獨我論 (solipsism)；第二種則爲沙特的存在主義解釋。

　　第三種企圖，卽假設一個與其他另一個不相互關連且相當處於其外頭的經驗系統的多元性，它同實在論者立場分享了一個隱藏的預設。這個預設事實上是根植於：其他人在經驗上是在我感知其軀體時

而給予我以及這個軀體在空間上是與我自己的軀體分離開來的兩點上。嘗試藉其軀體的媒介而衡量其他人的實在論者，他們相信其本身如外在世界的對象與另外一個分離開來一樣也與其他人分離開來。唯心論者雖然把我的及其他人的軀體化約到單純的呈現系統，但是他們主張在兩個意識中有一個空間的距離，這一個在另一個之外。因此只有一個在我自己和其他人之外的第三者觀察者才能確定我的和其他人的存在的真理。很清楚地，這一設定會導致無窮後退，只有像萊布尼茲 (Leibniz) 所提出的那種神學的神理念以及創世理念才會試圖去克服它。

二、沙特對胡賽爾、黑格爾及海德格的批判

胡賽爾、黑格爾及海德格都試圖不訴諸獨我論或人格神的設定來解決這個問題，但他們都沒有成功❺。

（一）胡賽爾❺*

胡賽爾的論證 —— 依沙特的看法 —— 是存在於底下的命題中，卽對其他人的指涉是世界存在的必要條件。世界，如同它在意識中呈現出其自己，乃是來自於原始的交互單子項 (the outset inter-monadic)。沙特說：倘若我獨自地或隨同其他人考慮這張桌子或這棵樹，那麼其他人總是以一種屬於被認為卽是如此的構成意指的基底形式被呈現出來。並且由於我的心—身自我 (psycho-physical ego) 也是這個世界的一個部分，而這同一個世界在從事現象學還元 (the phenomenological reduction) 時必須要加以括弧起來，故而「其他人」的一般意義便似乎成了一種在構成我的「經驗我」上所必須先預

求的了。因此，倘若我懷疑我的朋友彼得的存在（或普遍的其他人的經驗自我），那麼我就也得懷疑我自己的經驗我的存在，我的經驗我比起我的同胞的經驗我並不占有特權地位。具有這樣一種特權地位的不是我的經驗我，而是我的先驗主體性（它與前者完全不同）。相反地，「其他人」的普遍意義與給予我經驗的經驗上同胞無關，而是與他所涉及的先驗主體性有關。但因而，眞正要探討的問題並不是流行於經驗自我 (empirical ego, 它從來不受任何人懷疑) 間的平行論 (parallelism)， 而是存在於在我們經驗之外的先驗主體間的相互關係。倘若現象學家回答說，先驗主體性自始便牽涉及作爲所思整體之構成 (the constitution of the noematic totality) 條件的其他主體，那麼將會很容易回答說，它只是在意義上，而不是作爲眞正存在於世界之外的存有上涉及它。這種牽涉可能有一純只是假設的特徵以及一種統一的概念之功能；並且這種概念必然也只是對這個世界以及在這個世界中有效，與此相反，（作爲先驗主體性的）「其他人」一直是在世界之外。沙特相信: 胡賽爾從不曾能够達致對在塵世之外存在的其他人之可能意義的瞭解。他藉著把存有定義爲有待去完成的無限操作系列的指標而把知識弄成爲存有的尺度。這種態度剛好與沙特的正相反。然而，即使人們承認知識是存有的尺度，結果其他人仍要由他擁有有關其自己的知識來定義，而不是由我對於他的知識來定義。其他人，如同他知道其自己，完全地擺脱了我的知識——除非我做了一個不可能的預設，即其他人完全等同於我。是故沙特指出說: 胡賽爾在把其他人——如同他在我們的具體經驗中呈現其自己——定義爲一種「不在」(absence) 一點上，他是瞭解這個困難。然而——至少在胡賽爾的哲學架構中——我們不可能有一種關於不在的 圓現 直觀 (a fulfilled intuition of an absence)。 因此， 其他人僅只是空的意向

性、空的所思（empty noema）的對象，它與我把對方當作具體出現於我的經驗中而指向他的意向性相對應；這種經驗藉著一種先驗概念之助而被統一和構成出來。

如同沙特在其批判中的總結一樣，胡賽爾在克服唯心論立場的基本兩難上並沒有成功。他回答獨我論者說，其他人的存在就像世界的存在（包括在其中的我的心身存在）一樣那麼確實。但獨我論者並不另說些什麼；儘管它是確實，但並不更確實。獨我論者並可能會再加上：它們兩者的存在要依賴於我的經驗。

（二）黑格爾❻

如此地，胡賽爾要克服獨我論的論證之企圖證明是失敗了，沙特並認為黑格爾在其 《精神現象學》 所發展的理論建構也是一樣地拙劣。對於黑格爾來說（與胡賽爾相反），其他人的概念對於世界和我的經驗我的構成並不僅是不可避免的，並且對作為自我意識的我的意識之確實存在也是不可避免的。作為自我意識，自我把自己把握為自己。但是結果所得的等式「我是我」必須要加以澄清；為了要達致下一步的發展——即在自我意識及在自我 （the Ego） 的自我意識中承認其自身從而以獲致普遍自我 （the general Self） 的意識 ——階段，自我 （the I） 必須把其自我設定為一對象。 因此， 其他人的概念是個媒介； 由於自我意識等同於其排除掉其他人的自我，是故其他人在同時亦表現為我的自我 （my Self）。這種排除有兩種方式： 藉著成為我自己的確實事實， 我排除了其他人； 或藉著成為其自己的確實事實，我所排除的其他人排除了我。同胡賽爾一樣，黑格爾避免在我思 （ego cogito） 和其他人——其他人必須要藉這種思考 （cogitations） 來構作——之間建立一個單行的關係。 他從 開始 便設定一個相互的關

係，並將之定義爲「一個在其他的自我中的自我之把握」(seizure of
the Self of one in the Self of the Other)，其他人的存在是自我藉
其自己而把握的條件；相反地，後者（自我）是任何「思考」(cogito)
的條件。

事實上，這是在克服獨我論的論證上的一個巧妙嘗試: 我的自我
意識依賴於其他人的實在，而且其他人的自我意識也依賴於我自己的
實在。但是沙特對它仍不滿足，認爲它死抱著唯心論的基本立場而試
圖以認知 (cognition) 來解決存有學的根本問題。然而由命題「我是
我」來刻畫的意識，依定義它是一完全空虛的概念，並且決不可等同
於我對世界、自我、及其他人所擁有的具體意識。

黑格爾是其「知識論的樂觀主義」的犧牲者，這種主義乃存在於
底下的假設中: 卽認爲在我的及其他人的意識間、在依據其他人的我
自己的認許和依據於我自己的其他人的認許中間 可以 建立 起一種一
致。然而，我對其他人來說是什麼東西？他對我來說又是什麼東西？
對於我自己來說我是什麼東西？以及他對於他自己是什麼東西？這些
都是不可擬比的。我把我自己以及他把他自己經驗爲一個主體，但是
我們兩者都把其他人的自我經驗成一個客體。倘若其他人對我來說根
本就是一個客體， 那麼我如何能夠在其他人當中承認我自己呢？ 我
如何能夠以對於他自己來說是眞正的他，亦卽以一個主體的方式來衡
量別人呢？ 沙特稱這種情況爲這一個及其他人 的存 有學 分離 (the
ontological seperation of the one and the Other)。

尤其黑格爾更是其基因於底下假設的「存有學的樂觀主義」的犧
牲者，卽他預設了諸意識間的關係可以如其所是的加以研究，而無須
採取一種特殊的具體意識以作爲出發點和參考系統。事實上黑格爾並
不研究其自己的具體意識及與其他人的關係；他並不關心自我 (Ego)

和他我（Alter-ego）之間的一致(rapport)；他只研究流行於其他人們的意識間的相互一致，而所有這些其他人對他——黑格爾——來說就是客體。 從這種立場出發， 「意識多元性的穢事」(scandal of the plurality of consciousness) 最多只能被描寫， 而不能被克服； 要藉著它的幫助來拒斥獨我論的論證，這是無望的。

（三）海德格❼

海德格試圖在我和其他人之間建立起一存有 關係 來克 服這 個困難。根據他的看法，人之實在是「在世存有」(being-in-the-world)，並從一開始它就是「共在」(being-with, Mitsein)，亦即「與其他人共在」(being-with-Other)。 這種 「共在」是我自己存在的基本結構， 並因而其他人不是一個特殊的存在——我與他在世界 中相 邂逅——， 而是意指造使我自己的存在的「ek-centric」 （離中）。 我的存在並不是一種「爲他人的存在」 (“being-for”)，而是一種 「共他人的存在」 (“being-with” the Other)。在日常生活的陳腐情況中、在不本眞 (inauthenticity, Uneigentlichkeit) 中，我並不是把我共其他人的存在實現爲一相互的知識關係，而是一種以匿名和把其他人當作「常人」(Man) 方式來表顯的鬆弛的存在。 在不本眞的狀態中，我不是一個自我，它既不是爲我，也不是爲其他人而被確定；作爲可改變的詞語，我及他以「常人」身份參與日常的社會生活。只有藉著「良心的召喚」，藉著把我自己走向我的死亡確立爲我最內在存在的可能性，我才會達致我的個別的自我性，我的本眞狀態。在改變成本眞的自我時，我也把至今仍是匿名的其他人轉變成一種本眞的狀態。

但沙特間道，海德格與其他人共在的觀念眞的解決了問題嗎？必須探究的不是這種眞正的共同存在(coexistence)及其類型嗎？ 一個不

辨別的匿名性概念可以解釋兩個具體存有——我與彼得或安妮的具體「共在」——之間的一致是成立的嗎？如同海德格所想的，倘若在我與其他人之間的存有學關係有一個先天論特徵(aprioristic character)，那麼這一先天性 (a priori) 並不只在我的經驗之限制內有效嗎？而且我與其他人相共的具體存在不會超越我的經驗嗎？

　　被想成為我的存在的一個結構的「共在」，它以同樣的態度把我孤立成為獨我論的論證。為克服唯心論的謬誤而加以設計，它一直把具體的人性實在維持作為一種自我的構成元素。

三、沙特自己關於其他人存在的理論

　　在批判了胡塞爾、黑格爾和海德格的理論後，沙特為一個有效的其他人存在理論構作了下述判準❽。

　　1.這種理論不需要證明其他人的存在，對此的肯定是建立在一種「前存有學的」理解上 (a "pre-ontological" understanding)。

　　2.笛卡兒的「我思」(cogito) 在要找出（不是我對其他人存在的信仰之理由，而是）作為不是我 (being-not-me) 的其他人自身上，它是唯一的可能起點。

　　3.其他人並不必須要將他當作一種我們思考的對象來把握，而是要在他「為我們」(for us) 的存在中把他當作影響我們確實的具體存在的東西來把握。

　　4.其他人必須將之理解為「不是我」(not me)，但這種否定不是一種外在的空間之物；它是一種內在的否定，依沙特的定義，亦即是在兩個詞——它們每一個都是藉著否定其他者來構成其自己——中間的一種綜合的主動連結。沙特希望他自己關於其他人存在的理論會

滿足於這些要求。

在日常生活的實在中，我被客體圍繞著，因此我肯定其中有一些是同胞。爲要澄清這種肯定的意義，沙特❾分析了其他人之闖進我的知覺領域。在其他人出現之前，在我的知覺領域內的客體似乎被攢聚在我自己四周，這個自我在某種客觀可衡量的距離下爲一中心；它們（指客體）具有與我的主體性相關的特性，雖然我相信它是客觀的。隨著同胞的出現，　這種我的世界的表面統一裂而爲兩半。　客體不再絕對地由從我自己的立場而得的可衡量距離來定義，並且也是由別人的；它們的特性爲要是爲客觀的，它們必須由他的乃至於我的觀點來維持；簡單地說，我把對象知覺成不只是被我知覺，並且也是被他，卽其他人知覺的對象。的確，其他人在這個層面上一直是一個其他對象中的對象；但事實上，他是知覺到我所知覺的東西，並且至少在可能性上把我當作一個客體來知覺的對象，是故在這一事實上他不同於所有其他對象。於是在此抵達了一個轉捩點：我如何可能爲一對象的對象？那一個「我」（I）會是從不曾成爲自我的對象呢？由於「他」的存在根本就是一個客觀世界，　而我剛好就是他，　那麼我的客觀性可以出自於世界的客觀性中嗎？在我做爲其他人之對象的眞正可能性中，其他人顯示出其自己是一主體。我之把一個客體看成爲「可能是一個人」（being probably a man）牽涉到我被他見到的可能性，而沙特把這種關係（rapport）看成是一種不可化約的事實。　其他人是那個注視著我的「他」。

倘若其他人注視著我❿，那麼在我的存在方式中便發生了一個基本的改變。我變成了「自我意識」這個詞所含有的兩個意義，也就是意識到我自己做爲其他人的一個對象，而被置於一個不由我定義的地位中；以及對此事實感到慚愧或驕傲。我不再是我自己，而是涉及於

其他人。單藉著對我注視的「他」變成了我的自由的界限。以前，世界是對我的可能性開放的；現在，他──卽其他人──從他的觀點而來決定我及我在世界中的地位，因而把我對客體的關係轉變成了「他的」可能性 (his possibilities) 的因素。世界及我在其中的存在不再是「為我的世界」(world for me)；它變成了「為其他人的世界」(world for the other)。我自己的可能性轉而成為超出我的控制能力之外的可能性。我不再是情境的主人，或者說，情境至少包含有一個脫離開我的層面。我變成了一個其他人可以用以行動或在其上行動的器具。我之實成 (realize) 這一經驗並不是藉由認知，而是藉由一種不自在或不舒服的情緒，這種情緒，根據沙特的說法，是人間條件 (human condition) 的一個代表性特徵。

其他人所注視的存有給予我一個新的空間層面：藉著成為其他人的一個對象，我發現自己與其他人有一個距離，但這個距離並不是我造成的，而是他造成的。在另一方面，注視著我的其他人展示給我一個新的時間經驗，也就是同時性 (simultaneity)，沙特（很奇怪地）把它定義為不由任何其他關係連繫的兩個存有之間的時間關係 (the time relationship between two beings not connected by any other relationship)❶。同一對象是與我一起呈現給保羅，就像它是與保羅一起呈現給我一樣；我的現在 (my present) 於是呈現給其他人，反之亦然。

任何被注視的具體存有經驗都以一種真正的「我思」(cogito) 方式──卽我為所有生活著的同胞存在──而顯現給我。「其他人」可以視為一個體、一類型、一集體、一夥無名的聽眾或公眾，或（我們可以再加上）C. H. 米德 (C. H. Mead) 稱為「一般化的其他人」("Generalized Other")❷ 的結構。這個突然出現的「我對象」(Me-

Object) 可以扮演許多不同的社會角色；在我與亞洲人的關係中，我發現自己是一個歐洲人；與年青人的關係，我是老人；與工人，我是中產階級等等。因此，我之成其爲我 (being for my self) 從開始起便不同於「成其爲他人」(being-for-the-Other)。

然而所有這一切都只是半個故事，一旦把其他人建構成一個主體性，那麼我便能再一次把他客觀化。例如，倘若我對其他人一瞥的反應是害羞、恐懼，或驕傲，那麼這些反應牽涉到我自己之作爲一個可能把我引到將其他人建構成一對象的主體上去。於是，我發現他是存在於世界之中，是被置於某一種由我定義爲天賦有某種特質及特徵的情境，簡單地說，也就是把它看成一種在其他對象中的對象，或一種在我所有的其他用具中的用具。尤有進者，藉著其他人對其他對象的關係來定義他，我於是在他的整體性中定義了他；他爲我所知的並不只是他的軀體，並且是在其如此這般情境中他的完全存有。在地下鐵中我不知名的鄰人是由我知道他存在於紐約，向如此這般的方向旅行、閱讀報紙而被定義的。所有這一些不是藉記號的媒介而爲我所知（記號必要涉及其他人的主體性）；客觀化的其他人是所有這些關係；他是由我的世界的整體組織所決定的，在我的世界中他是一種自動的，但是是在塵世內 (intra-mundane) 的中心。這一點區分開了作爲客體的其他人和作爲主體的其他人。只有前者才能以一種在世界中的共延展整體 (co-extensive totality) 而爲我所知。後者從來不能是任何種類知識的對象，並且世界的對象與他無關；他超越於世界之上和逃脫捕捉。

藉著把其他人客觀化，先前把我客觀化的我 (I, the previously objectified me) 重又奪取了我的主體性和自我。我重又變成了一個自我 (self)，我的自我 (my self)；然而，其他人只有在我是他的一

個客體下才會是一個我的客體。因此，其他人的客觀化的類型乃依靠於我的及他的境況，以及他是否能看見我且我是否能看見他的事實情況。因此，它涉及我的及其他人的軀體間的關係。

沙特對此問題的廣泛研究似乎構成了其系統中最有趣的部分，並且值得加以分別研究。篇幅只允許我們稍略指出幾點。

四、沙特的軀體理論[13]

沙特把我自己的軀體區分成三個「存有學層面」（ontological dimension）：1.在其事實存有中、在其「在其自己的存有」（being-in-itself）中的我的軀體；即我作爲我的軀體存在；2.在其「爲其他人的存有」（being-for-the-Other）中，而爲其他人所用和所知的我的軀體；3.作爲由於我的軀體而被其他人所知的我對我自己的經驗。爲要分析這些層面，它並不需要回溯於生理學。生理學知識從不涉及我對於我自己軀體的經驗，但必然地總要涉及對於其他人軀體的經驗。

1.在其事實存有中的我的自己軀體[14]首先是被我經驗成我的「五官」的擔負者，因此也被經驗成爲我的知覺場的傾向和交涉中心。雖然我不「看見」這個中心，但我是這個中心。其次我把我的軀體經驗成我可以操縱其他工具的行動的工具。但再次地，我「操縱」我使用槌子的手；我是我的手。作爲知覺場的中心，我的軀體決定我的觀點；作爲我的行動的中心，它（按即我的軀體）決定著我未來的可能性和選擇的起點。作爲兩者，我的軀體並不僅被經驗爲我的生理結構，並且也被經驗爲一切決定著我的觀點和出發點的東西；我所屬的人種，我的國籍，我的出生，我的過去。因此，我的軀體涉及意識；

它是意識，雖然不是反省性的，而只是感受性的意識，亦即關於一種適然性 (contingency) 的純粹非論斷把握 (non-positing seizure)，也就是對作為事實存在的自我的純粹領會 (apprehension)。 沙特基因於其他的觀點比我們的對他的存在理論重要，（並因此 非常 任意地） 他把這種對於我的軀體的領會與嘔吐的感覺 (the feeling of nausea) 等同起來。

2.極令人奇怪的，沙特如他所應允的，不分析我的軀體對於其他人的意義，而相反地是他人的軀體對於我的意義⑮，並明確地指出⑯這兩個問題是同一個問題。根據沙特的說法，我們已經見到，我原本把其他人當作一個主體來把握，對於這個主體，我乃是其一個對象；而在第二步中我把他對象化，因而又重獲我自己的主體性。結果，其他人首先是為我而存在，並且我只有在此後才在他的軀體中把握他。不同於我自己的，他的軀體有一種次級結構的特徵。如此，它對我來說乃是我所使用的一切其他工具中的一種工具，一種就像所有在我之外的世界的其他對象一樣的用具。我自己的軀體以我之成為此工具 (my being this instrument) 而在所有其他工具中獲取了特權。其他人的軀體則因它作為諸對象的可能指涉中心，以及由於所有其他對象可以被他用作為他的工具，故而它在所有其他對象中取得了特權。尤有進者，其他人的軀體是以其感官整體，也就是其他人存在的事實適然性、其純粹的「在其自己存有」(being-in-itself) 而顯現給我的。在一種空虛的方式中，我擁有（被客觀化的）其他人擁有世界（包括我自己）之知識這種事實的知識，但我沒有——但不即是空虛的——關於其認知行動的知識，即不知道他知道的是什麼，也不知道他如何知道。這種適然性包含在其他人的軀體是「這裏」——雖然它也可以是在任何處——的事實中。然而它的「存在於此」(being-here) 將其

本身翻譯成其「作爲如此這般的存在」(being-as-such-and-such)，也就是關於種族、階級、環境等。因此，其他人的軀體從一開始便是以一種存在於某一情境中的軀體而給予我，並正由於這一理由，我無法將其他人的軀體從其他人的行動中分離開來（只有在肉體不再是在一情境中，亦卽不再是在生命的綜合統一中時。）彼德的軀體並不是首先爲一隻手，而後可以觸及玻璃杯。「彼德之觸及玻璃杯」(Peter's-reaching-for-a-glass) 是以一種意指單元而出現在由情境決定的時空限制中。在空間上，卽使玻璃杯是隱藏在我的視覺背後，彼德的姿勢對我仍有意指；在時間上，我以其現在所呈現給我的行動，卽以此行動所企圖帶給未來事態作爲根據而把握這一姿勢。因此，彼德的軀體乃是對於世界有意指的關係之總體，並且與「彼德之爲我存在」(Peter's being-for-me) 是不可分的。

　　沙特相信，這一理論避免了把其他人的軀體牽連到「神秘心靈」(mysterious psyche) 中去。上述所描述的意指正就是這一心靈自身，它們不涉及任何「超出軀體」的東西。它們只涉及世界及其他的意指。特定的表現姿態並不指示一種任何心靈都經歷過的隱蔽感受。皺眉、緊握拳頭等並不指示其他人的盛怒⑰。因此，「心靈對象」(psychical object) 完全是在對軀體姿態及那些姿態與其他姿態的牽涉的知覺中被給予的。這似乎是行爲主義的立場，但行爲主義者並不了解他們自己的論證。他們相信只有一種知覺類型，並且忽視每一種實在類型有一種特殊的知覺類型與之相對應這個事實。不同於其他人行爲之表現方式的類型是把它們當爲可理解的來知覺它；它們的意義正是在於他們作爲顏色的一個元素亦卽是紙張存在的一個元素。在其前進行動中的其他人軀體，它是藉著每一種指向於屬於其未來之終點的特殊意指以超越其現在而直接地給予我的。

3.我對於我自己的軀體之經驗的第三個層面❸ 源自於對與注視著我的其他人邂逅的震撼。我的軀體不再絕對地決定我的觀點：其他人對它採取了一種我自己無法採取的觀點。我無法掌握其自身的感官，它們現在被經驗成其他人所掌握到的。我的軀體——亦即迄今我所是的和不能被其他任何工具所用的工具——對其他人來說，現在被經驗成其所有其他工具中的一種工具。在我的肉體逃開我的同時，它與我疏離；我的「爲我之軀體」（body-for-me）變成了「爲其他人之軀體」（body-for-the-other）。似乎其他人關聯著我而完成一種我從來無法表現的功能：把以我所是那般來看我。最後，我接受以其他人的眼光來注視我自己。我停止把它經驗爲我的軀體，而是去認識它。

語言告訴我，我的軀體對於其他人具有一個結構；並且，建立在語言上的概念架構完全是由我與其他人的社交活動中得來的。因此一個在言詞上相對應的系統首先展現出把我的軀體指示爲呈現給其他人那般，而我則將它用以決定我的軀體如何顯現給我一點上。在這層面上，其他人的軀體與我自己的軀體藉著類比方式而發生了類化（assimilation）：我的爲其他人的軀體卽是其他人的軀體所以爲我的那個東西（my body for the Other is what the Other's body is for me）❾，然而，這點預設著我首先在其客觀化的主體性中與其他人碰頭，它然後才作爲客體；另外並預設著我把我自己的軀體經驗成一種客體。類比（analogy）或類化（assimilation）根本上從來不能構成其他人的客體軀體（object-body）和我自己軀體的客觀性。相反地，在類比或類化原理能夠起作用之前必須要預設這兩種客觀性。我首先必須以一種反思的行動（an act of reflective thought）把我的軀體構成爲我的認知對象。然而如此構成的我的軀體的概念性理念（conceptual notion）卻總是且必然要根據於其他人擁有我的軀體的概

念認知。換言之，我擁有我自己的軀體的理念從不會與我存在於其自己中的軀體 (my body in its being-in-itself) 的事實存在和解。 我的軀體的被構成概念以一種空虛的方式涉及其永恒的疏離。然而我不過這種疏離生活；我正構成它，因此超越了趨向於不再給予我而只是一種意指性特徵的擬似對象 (quasi-object) 的既予事實存在。

五、 論胡賽爾關於其他人的理論

前面篇幅中粗略概括有關沙特對異我問題之貢獻的一個批判研究可能必須要從其對現代哲學中獨我論論證時有的精妙分析開始。我們自己限制於其對胡賽爾理論的批判，此點對在現象學家間挑起一個嚴肅的討論上似乎是很重要。

沙特以胡賽爾哲學的說法指出其他人的問題只能當作一種先驗主體間的關係來解釋一點，他是正確的。這一種解釋無法在胡賽爾已出版的著作中見到。無疑的，胡賽爾經常談及單子際宇宙(intermonadic universe)，因此很明顯地他是肯定有一種先驗自我的多元性。然而，現象學中最困難的問題──也許是無法解決的──一種是去調解作為世界構成之根源的那個先驗我理念與一種共同存在之先驗主體之多元性的觀念❷⓪。 我們的主要資料──胡賽爾 《笛卡兒沈思》 ❷① 的第五篇──並不顯示其他人是如何地被構成為一先驗的主體性，而只顯示他是如何被構成為世俗的心物統一體 (a mundane psycho-physical unity)。在這關節上， 對胡賽爾的第五〈沈思〉做一極精鍊的論述可能是會很有用處的。它並將會顯示出，沙特對我的軀體的分析是很受益於胡賽爾的教法，而沒有像人們所設想那樣多的獨創性。

胡賽爾的主要論證略如下述：在做出現象學還元後，第二步我便

可以從已還元的領域取消所有的「奇異」因素("strange" elements)，也就是所有涉及於其他人的「意義」(meanings)。在這樣做下，我取得了我「自己的還元世界」、我「自己的特有領域」(Eigenheitlich-keit)，也就是「被我經驗的自然」領域（與我們所有人所共有的相互主觀的自然相對照）。 在這個我的嚴格私有世界中， 我發現到我的軀體之不同於其他所有客體， 乃是它是作為我的知覺場 的携 負者 (carrier)，是作為我的擬肌感運動 (kinesthetic movements) 的作用器官，和作為我在「我能」(I can) 及「我行動」(I act) 模式中命令之的我的器官的總體。簡單地說，我發現我自己是一心物統一體(a psycho-physical unity)， 它在世界中於我的軀體並藉著我的軀體而行動，它並經由我的軀體而為世界所影響。這個「我」（I）——人 (the human)，即在該「自己特有的領域」中被知覺到的人格「我」(personal I)——是我的經驗流的現實性及潛在性整體。 然而這並不即意謂所有屬於我的特有領域的經驗都正好是我的自我意識的修正。在這個私有世界中的我的經驗之諸意向性超越於這一「自己的特有」領域之外；它們涉及「客觀的自然」(objective Nature)， 也就是不是只為我， 而是為我也為其他人的自然， 並因而涉及其他人的共存 (coexistence of Others)。 其他人首先在「自己特有的」領域中出現為一個外在世界的對象，這個對象我以一種藉類比而來的統覺行動 (an act of apperception by analogy，胡賽爾則稱之為「appresenta-tion❷*」) 把它解釋成是同於我自己的軀體，並因而也是為「其他的人體」(another human body)。 然而這種類化的統覺 (assimilating apperception) 絕不是一種藉類比 (analogy) 而得的推論。「媒現覺知」(appresentation) 出自於被動綜合 (passive synthesis) 並被稱為「配對」(pairing) 或「成雙」(coupling)❷，它是由被媒現的東西

永不能成爲實際的呈現這一事實來徵定的。 配對──卽我自己的軀體及我嚴格地私有之領域中的心靈──的媒現項 (the appresenting term) 永遠地是在實際的呈現中給予我的。然而，在這個領域中的被媒現項 (the appresented term)──卽對象被統攝成其他的軀體，或甚至爲其他心物統一體的軀體， 或簡明地說卽爲 「其他人」 (the Other)──是以一種非直觀的預想 (a non-intuitive anticipation) 的形式給予我。然而這種空虛的預想只能以其他的媒現覺知來實現，它們所有都涉及我對於我自己的心物我的經驗 (my experience of my own psycho-physical I)。於是我可以把其他人的軀體運動解釋爲諸種姿態，以及把它們的（按卽姿態）「索引語條」(concordance) 解釋爲其他人心靈生活的一種表現。因此，其他人從不在自我給予的模式 (the modus of self-giving) 中被經驗到， 而是由持續地對我在我的本原領域中的客觀化我的涉及來經驗到。從現象學來說，其他人是一種 「我的」 我 ("my" I) 的 「意向的修飾」 (intentional modification)，依此， 「我的」 我亦藉著在上述 「配對」 或 「成雙」 的過程中的對比而得到這種作爲 「我的」 我的特徵。相對於我的軀體必然以作爲 「這裏」 (the "Here") 的中心給予我， 其他人的軀體則總是以作爲 「那裏」 (a "There") 而給予我， 因此是與我共在之物。 然而我的媒現覺知標指著他人的軀體總是在其絕對的 「這裏」 的中心中；反之，他的 「這裏」 爲我來說則總一直是一個 「那裏」。因此，這種共在的我 (coexistent I) 不是我的我 (my I)， 而是其他的我 (another I)──其他人的我 (the I of the Other)。從其他人之我的媒現覺知出發， 亦卽從其他人的軀體出發， 我藉由附加的媒現覺知 (additional appresentation)，也就是藉由 「移情」 (empathy, Einfühlung) 而得能把握一種較高等級的其他人心理和心靈生活❷*。

對胡賽爾我們就考慮這麼多，如同我們輕易可見到的，沙特廣泛地從胡賽爾那裏借來他的理論。然而，沙特所說胡賽爾沒有以先驗主體性間的關係來解釋相互主體性的問題一點，他似乎是對的。成雙 (coupling) 的媒現項並不是我的先驗我 (my transcendental ego)，而是在我的本原領域中作為心物我 (psycho-physical I)，也就是在世界中作為我的塵世我 (my mundane I) 之修正的我自己的自予生活 (my own self-given life)。並且被這種「配對」(pairing) 所媒現的東西首先是外在世界中被解釋為其他人類之軀體 (body of another human being) 的對象，這種其他人類的軀體照理標指著其他人的心靈生活——然而，其他人則一直是作為世界中的塵世的心物統一體，即一個同胞 (a fellow-man)，因而不是一個先驗的異我 (a trancendental Alter ego)。似乎是如此，胡賽爾以一種卓越的方式展現出人及其同胞如何在塵世領域中可以「共可能」(compossible) 和「共存」(coexistent)，其他人如何在這一個領域中出現，索引語條般的行為、溝通等如何在這個領域中出現。但是他並沒有在先驗我行動之中並藉由它而構成的一個共在的先驗異我中展現出可能性。但是為要克服先驗領域中的獨我論論證，這點將是必須的。

六、對於沙特自己的理論的批判考察

這樣地我們同意沙特對胡賽爾的批判，我們現在必須研究，他自己的理論是否已經克服了涉及構成其他人的問題的根本困難？沙特清楚地指出，他的理論不想同我們相信其他人的存在根植於一種前存有學的理解中(in a pre-ontological understanding) 一樣去證明其他人的存在。笛卡兒的「我思」(Cartesian cogito) 雖然只是把其他人把

握爲非我 (not-me) 的起點，但是是一個不是客體，而是主體的非我。藉著注視我，其他人把我當成客體，限制我的自由，把我轉變成一種其可能性的器具。事實上在第二個活動中，我可以再次把其他人主體 (the Other-subject) 客體化，因此獲得到我自己的主體性。

德威廉斯 (De Waelhens) 教授在他對沙特著作的卓越評論❷ 中正確地指出，這個理論恰正是黑格爾主人和奴隸間辯證關係的一種精鍊，其兩方可以在任何時刻中變換其角色。他並且正確地指出： 根據沙特的說法，一種在「我主體」 (I-subject) 及 「其他人主體」 (Other-subject) 間的關係是不可能的。 既不是我爲客體而其他人爲主體，也不是其相反情況❷。這一原理不但一貫地應用於前面所提其他人存在及我自己軀體的三個存有學層面的一般理論，它並且是沙特對如愛、誘惑、漠不關心、性慾、恨等具體人際關係❷ 做精細分析的脊柱；他企圖在其中展示： 這些態度中的每一種，它既不能被其他人化約成我對我的自由的疏離的被虐狂順從，也不能被化約成我把其他人的主體性當成我的工具的虐待狂轉變。同樣地，沙特的「我們」的理論 (theory of the "We") 分成一個 「我們主體」 (We-subject) 和一個「我們客體」 (We-object)❷。 我們於此無法著手從事這些理論的詳細說明，也沒有辦法展示出交替的主客體關係是如何地深植於沙特的有與無、 在其自身的存有與爲其自身的存有 (Being-in-itself and Being-for-itself)、自由與疏離的對立命題的基本概念中。

沙特正確地批判了黑格爾沒有拿一個特殊的具體意識作爲出發點和間架系統❷。但沙特本人成了這種「樂觀主義」 (Optimism) 的一個犧牲者。作爲其分析的一個出發點，他隱然地把我之經驗到其他人以及其他人之經驗到我爲簡單可交換的一點視爲是當然的。例如，如他所答應做的，他不去分析我的軀體對於其他人的意義，而只是從事

一種其他人軀體對於我的意義分析㉘。 尤其他說， 藉著客觀化其他人，其他人只有在我是他的一個客體時他才會是我的一個客體㉙。但這一種可交換性的證明可以是任何相互主體之關係的分析結果一點可能要受到否認。然而它不能不涉入於「丐題」(petitio principii) 而理所當然地被認爲是其「出發點」(starting point)㉚。構成其他人的整個問題包含於這樣的提問中: 這樣一種可交換性如何可能? 沙特對獨我論的論證的批判可以應用到他自己的理論上。因爲卽使我們已經準備好同意他所說: 我們對其他人「存在」的信仰無須證明，因爲它是根植於一種前存有學的理解中(in a pre-ontological understanding)中，但是我們仍必須要指出: 我們可以不必墮回到獨我論論證而達致對「具體的」其他人的「具體行爲」的理解。謝勒 (Scheler)㉛ 清楚地看出，於此有兩個不同的問題要分別開來。 沙特也是如此， 但是他否認了所有社會科學及我們在社會世界的「人性實在」(human reality)——卽把其他人的存在視爲理所當然的具體理解——中 的 存在。他之所以如此做乃是因爲他的基本立場把他引導到一些無法逃脫的困難中去。

沙特的第一個因難出自於他所使用外表似乎截然的 「主體」 及「客體」 對立詞所隱含的曖昧性。 在一方面， 「主體」 於他是意指「爲其自己的存有」(being-for-itself)，而「客體」則爲「在其自己的存有」(being-in-itself)。如此， 主體是行動的中心， 客體則爲一種器具; 主體投射其可能性，客體則總是被投射。在另一方面，「主體」對沙特來說是指向自己顯現的笛卡兒「我思」(Cartesian cogito)，而「客體」則是向我， 卽主體顯現的「所思物」(cogitatum)。 於是沙特主張，我被注視的經驗在我之作爲一個客體，在我之爲其他人的存有中決定著我， 卽使在我錯誤地相信有一個具體的其他人被我注視

著時也一樣[32]。然而他指出，我(I)並不被這種事實構成爲一種爲了其他人的客體，卽主體[33]。 然雖如此， 沙特仍繼續說[34]， 「其他人主體」(the Other-subject)， 卽作爲爲其自己的其他人 (the Other as be is for himself)， 它從來不能被如如的我 (me as such) 所知或擬想。這個世界的客體並不涉及他，卽不涉及其他人主體；而是涉及被客觀化的其他人，其他人正是其他客體中的一個客體。換言之，在被注視當中我變成了一個爲了其他人主體的客體，這個其他人主體的主體性完全脫離開我。並且在客觀化其他人時，我再次把其他人掌握成簡單的一個客體。所有這些若是眞的，那麼它們如何與我經驗到其他人及他經驗到我是可交換的假設相容呢？以及它如何能夠與底下論題， 卽在被注視當中我放棄我的自由、 我變成其他人的一個器具，而其他人卻在所有情況下於其爲其自己的存有 (in his being for himself) 當中逃避我等等相容呢？ 但無論如何， 這些問題要獲得解答。但如將顯示的，沙特的理論與一種對人性實在的正確描述不相符。

另外的困難是存在於沙特曖昧的行動概念中。對我來說，主體、「爲其自己存有」、世界都是一種我的實踐可能性的組織化系統，向我自己， 卽我的軀體集中。 藉著我的行動， 我把握到這些可能性中的一種， 卽把我自己置入所選定的投射 (committing myself to the chosen project)。隨著其他人的出現，這種被組織的結構分裂爲二，並且出現一種不是由我，而是由其他人所製做和選擇的實踐可能性的次結構。其他人的自由之可能性構成了我自己的界限。然而我如何能夠確定其他人的實踐可能性的領域呢？ 並且我們是在談 「其他人主體」還是「其他人客體」呢？作爲一個主體的其他人，在當他向他自己顯現時,他是完全地逃離開我,結果他的可能性系統亦因此也逃離開我。我只藉由我之被注視，亦卽被任何的其他人注視而知道他的主體

性，而不管他具體的可能性和投射系統是否可能。然而，作為一個客體的其他人是——我們從沙特那裏知道——必然地要被擬想成是與客體交相關連在一起的。他的姿態涉及其他的姿態，它們（對我——即姿態對我）的意指涉及其他（對我）有意指的外在世界相連在一起的關係。 因此， 被客觀化的其他人在開放的可能性中是沒有行動的自由，或更好說是: 他的可能性是死的可能性，涉及（我擁有的）其他人的其他客觀面❸。因此，我的行動比起其他人的行動，它對我來說具有很不相同的意義。我們對前面這樣子考慮的命題沒有爭論，但是從沙特的立場出發，我們為什麼就得必須設定其他人著實也行動，他就像我一樣也有開放的可能性呢？為什麼要設定他有沙特❸所認為是行動首要條件的自由呢？並且我們能夠瞭解其他人的行動對他，即行動者所意味的是什麼嗎？我們如何能夠把我們自己的行為關連到其他人的呢？而且前者又如何能連帶著後者走上它的道路呢？簡言之，即我們如何解釋社會行動及社會關係呢❸？

再者， 沙特關於行動情境及自由 (situation and freedom of action) 的概念並不描述人性實在。在日常生活的塵世領域中， 我把自己乃至於其他人擬想成行動的中心，我們每一個人都生活在被操縱著的事物中，工具被使用著，境況被接受或改變著。然而，我的可能性、我的工具、我的境況都像它們顯現給我一樣有它們的特殊結構，他人的亦如它們顯現給他那般。我們每一個人都像社會學家所稱那般「確定著其境況」(defines his situation)。為要把一個客體當作一種工具使用，我必須在我能觸及的範圍內拿著它；為要參予一個計畫，我必須承認它是適切的。對其他人為適切的東西，以及在其能觸及範圍內的東西，倘若其理由只不過是我是「這裏」和他是「那裏」，那麼它與適切於我和我所能觸及的東西確實是不相符合的❸。然而，承

認其他人生活在一個不是由我確定的設置（setting）中並不會把他轉變成我的器具。他在其境況（由他所確定的）中仍然是一行動中心；我可以不當作是我地來理解他，不當作我的行動地來理解他的行動，視爲是超出我所能觸及範圍之外地來理解他的工具，以及視爲是在我被接受的可能性之外地來理解他的計畫。所有的社會科學都處理這樣的問題，卽我們如何藉對行動者，卽其他人加給其行動之意義的理解，而把其他人的行動解釋成它們顯現給我那般。移情（empathy）、同情（sympathy）及類比推理（reasoning by analogy）的理論都是公認藉著下述普遍設定（general postulate）要去解決這個問題但不令人滿意的企圖: 我必須瞭解其他人在其行動中所意味的是什麼，以同樣的方式我在其中亦能依據我稍後占有優勢的——倘若我是「那裏」（亦卽是在「其他人的地位」這個詞最寬的意義下）而不是「這裏」（但是同樣地，這個「那裏」決不會是我實在的「這裏」。）——我的關連系統（my system of relevance）來瞭解我自己的類似行動。　然而這與在存有學上藉著承認其他人的主體性而把我自己轉變成一個客體，或爲了再獲得我自己的主體性而把其他人加以客觀化比較起來是很不相同的問題。

　　沙特對於其他人在注視我時所領有的神秘力量的假設並不解釋所有這些問題，甚至是沒有觸及到。沙特詳細分析了一個善疑的戀人的境況，他在從鑰匙孔偷窺時被其他人攫獲了❸，在其他人的眼光下，他喪失了他卑微的可能性的自由，他轉而成爲其他人所看見的他。然而，　我們必須再添加上，　僅在他不是　「無意識地被攫獲」（caught unawares），　而是意識到他是被攫獲了時，　他才是如此。　沙特關於「顧及」（regard）的理論預設著一種我稱作爲　「我及其他人間之交互的『諧調』關係」（a mutual "tuning-in" relationship between me and the Other)❸ *。這點在我們考慮到我們的戀人在其被攫住前所經驗到的東西時便截然分明。透過鑰匙孔他觀察的不卽就是一個類似人類軀體的移動形態，而是澈頭澈尾地是一個以這樣和那樣方式動作、自由地在某一境域中移動、絕對地由他——卽行動者，也就是不知道他在任一個人眼光下都被認為是如此行動地生活在其行動中的其他人。經由鑰匙孔而被注視的人證實是在其可能性的自由中行動的其他主體。

但為了要展示其他人在其具體的行動自由中可以被經驗成一個具體的主體性 (concrete subjectivity)，故而我們無須在觀察者和被觀察者之間死抓著一個單向的關係。倘若彼德與保羅談話，那麼彼德既不會把他自己把握為是保羅的一個客體，保羅也不會被把握成他的一個客觀化工具。彼德向保羅說話，因為他預期保羅會瞭解他，此並隱含著，保羅將能和願意藉著他傾聽和解釋的活動共同表現出彼德在其中所建立起的個別步驟，或反過來說，其信息的意義❹。像這樣在進行中的談話是外在世界和外在時間中的一個事件。然而這一歷程是嚴格地與保羅的內在時間為同時的，在保羅的內在時間中，他多命題地 (polythetically)表現出彼德的談話的解釋。這點解答了沙特的問題❹，卽彼德的內在時間之一刹那可以被擬想成是藉著同時性而與保羅的內在時間連在一起。彼德的言談行動預設著保羅的傾聽行動，反之亦然。兩者都把另一個把握為一個共同演出的主體性 (a co-performing subjectivity)。

我們不管他許多令人感到精妙的分析，沙特的理論對這一機制沒有做出什麼說明。他想克服知識論之獨我論的企圖，引導他到一種——換言之——涉及實際的獨我論的非實在論建構 (unrealistic construction)上去。不是其他人注視著我而使我的自由異化，便就是我把

其他人的自由加以同化和把握。　因此在自由中的交互作用　(mutual interaction) 在沙特的哲學中是找不到位子的。

註　釋

❶Jean-Paul Sartre, *L'Être et le Néant,* Paris 1943.

❷參見如 Herbert Marcuse 對沙特的體系的精鍊論述: Existentialism: Remarks on Jean-Paul Sartre's L'Être et le Néant。 刊於 *Philosophy and Phenomenological Research,* Vol. VIII (1948), 頁 309-326。對沙特哲學立場的最佳評述可參見 Jean Wahl 的 Essai sur le Nèant d'un problème, 登在 *Deucalion, Cahiers de Philosophie,* no. 1, Paris 1946, 頁 40-72, 以及底下 Alphonse De Waelhens 所撰各篇文章: Heidegger et Sartre, 見於 *Deucalion,* No. 1, 頁 15-40; Zijn en Niet-zijn, Over de philosophie van Jean-Paul Sartre, 刊於 *Tijdschrift voor Philosophie,* 7 Jaargang 1945, 頁 35-116; J. P. Sartre, L'Être et le Néant, 刊於 *Erasmus,* Vol. I, Amsterdam, 頁 522-539。

❸主要是 *L'Être et le Néant* 的第三部分, 頁 275-507。

❹同上書, 頁 275-288。

❺**L'Être et le Néant,*, 頁288-291; 沙特引用到的胡賽爾著作是*Formale und transzendentale Logik* 及 *Méditations Cartésiennes*; 關於胡賽爾的異我理論的論述請參見本文的第五段。

❺參見 *L'Être et le Néant,* 頁 288 以下 (原編者 Maurice Natanson 增註, 底下簡寫作 M. N. 增註。)

❻*L'Être et le Néant,* 頁 291-300。

❼同上書, 頁 301-307: 參見 Martin Heidegger, *Sein und Zeit,* Halle 1929, 特別是頁 114-130、231-300; 又參見 Waelhens,*Heidegger et Sartre,* 見前註。

❽*L'Être et le Néant,* 頁 307-310。

❾同上, 頁 311 以下。

❿沙特的「le regard d'autrui」概念很難在英文中找到一個適當的翻譯。

⓫*L'Être et le Néant,* 頁 325。

⓬*Mind, Self, and Society,* 頁 152-163。

⓭*L'Être et le Néant,* 頁 356-428; 在這段中所提示的沙特的理論必須與底下第五段中所論述的胡賽爾理論參較。

⓮*L'Être et le Néant,* 頁 368-404。

⓯同上，頁 404-418。

⓰「Il revient au même d'étudier la façon dont mon corps apparaît à autrui ou celle dont le corps d'autrui m' apparaît.」（頁 405）。

⓱沙特在此沒有徵引馬克斯‧謝勒（Max Scheler）在其 *Phänomenologie der Sympathiegefühle*（初版，1913年；重訂二版改題為 *Wesen und Formen der Sympathie*, 1923 年）中所發展的類似的知覺理論。 參見拙著 Scheler's Theory of Intersubjectivity and the General Thesis of the Alter Ego一文。（譯者按：此文即本書中的第三篇文章〈謝勒的相互主體性理論及異我的普遍命題〉）。

⓲*L'Être et le Néant*，頁 418-428。

⓳這個及下一個句子似乎是非常重要。然而沙特在開始其第二個命題的分析時即已預見到了他對第三個存有學層面分析的結果。

⓴見 Scheler's Theory of Intersubjectivity and the General Thesis of the Alter Ego, 見 A. Schutz, *Collected Papers I*, The Hague 1971, 頁 164 以下。中譯見本書第四段。

㉑*Méditations Cartésiennes*, Paris 1935, 特別是 44-55 段。 並參見 Marvin Farber 在其 *The Foundation of Phenomenology* 中對此書內容的卓越概述，見頁 528-536。

㉑*「appresentation」（德文原字是 Appräsentation）這個字幾乎是不能翻譯，因為它是一組概念的組合。 依據《現象學史》（*The Phenomenological Movement*, The Hague ³1982) 作者 Herbert Spiegelberg 的解釋，其意義是: "the indirect perceptual presentation of an object mediated through the direct presentation of another, e. g., of the rear through the frontal aspect, or of other minds through their bodies." （見該書，頁739)。茲為行文上求與中文表達一致，估譯為「媒現覺知」，其中以生硬的表達翻譯此字，目的惟在求讀者能依準原文，不要因譯文而誤導，這點並希望讀者能寬諒是幸（譯者註)。

㉒參見 Husserl 的 *Erfahrung und Urteil*, 特別是 33-46 段。

㉒*參見 Scheler's Theory of Intersubjectivity and the General Thesis of the Alter Ego, 收在 A. Schutz, *Collected Papers* I, The Hague 1971, 頁 177 以下（中譯見第七段）；及 *Phenomenology and the Social Sciences*, 同上書，頁 125 以下（M.N. 增註)。

㉓見❷。

㉔"Ces deux tentatives [pro-jet d'objectivation d'autrui ou d'assimil-ation d'autrui] que je suis sont opposées. Chacune d'elles et la mort de

l'autre, c'est-à-dire que l'échec de l'une motive l'adoption de l'autre" 見
L'Être et le Néant , 頁 430。

㉕同上書, 頁 428-484。

㉖同上, 頁 484-507。

㉗參見第二段㈠項論黑格爾部分。

㉘*L'Être et le Néant*, 頁 405; 並參見本文註⓰。

㉙同上, 頁 356。

㉚參見本文註⓳。

㉛見 Scheler's Theory of Intersubjectivity and the General Thesis of
the Alter Ego, *Collected Papers I*, , 頁 156-159; 中譯見第三段㈠項。

㉜*L'Être et le Néant*, 頁 335。

㉝同上, 頁 334。

㉞同上, 頁 354。

㉟同上, 頁 358。

㊱同上, 頁 508 以下; 並見上引 Marcuse 的文章, 頁 319-325。

㊲研讀過馬克斯·韋伯(Max Weber)著作的人在前面各句中將會認爲是其
著名定義的改寫〔參見 "Concept and Theory Formation in the Social
Science", *Collected Papers I*, 頁 48-66 (M. N. 增註)〕。

㊳參見拙著 On Multiple Realities, 收於 *Collected Papers I* 中, 特別
是頁 222 以下。

㊴*L'Être et le Néant*, 頁 317 以下; 又見前引 Marcuse 的文章, 頁
317。

㊴*參見 Alfred Schutz, Making Music Togather: A Study in Social
Relationship , 刊於 *Social Research*, Vol. 18 (1951), 頁 76-97 (M. N.
增註)——按: 此文另外亦收入 A. Schutz 的 *Collected Papers II* 中, The
Hague 1964, 頁159-178。

㊵"On Mutiple Realities", 見 *Collected Papers*, 頁 218-222。

㊶*L'Être et le Néant*, 頁 281; 又參見本文第一段。

滄海叢刊書目（二）

國學類

先秦諸子繫年	錢　　穆　著
朱子學提綱	錢　　穆　著
莊子纂箋	錢　　穆　著
論語新解	錢　　穆　著
周官之成書及其反映的文化與時代新考	金　春　峯　著
尚書學述（上）、（下）	李　振　興　著
周易縱橫談	黃　慶　萱　著
考證與反思	
——從《周官》到魯迅	陳　勝　長　著

哲學類

哲學十大問題	鄔　昆　如　著
哲學淺論	張　　康　譯
哲學智慧的尋求	何　秀　煌　著
哲學的智慧與歷史的聰明	何　秀　煌　著
文化、哲學與方法	何　秀　煌　著
人性·記號與文明	
——語言·邏輯與記號世界	何　秀　煌　著
邏輯與設基法	劉　福　增　著
知識·邏輯·科學哲學	林　正　弘　著
現代藝術哲學	孫　　旗　譯
現代美學及其他	趙　天　儀　著
中國現代化的哲學省思	
——「傳統」與「現代」理性的結合	成　中　英　著
不以規矩不能成方圓	劉　君　燦　著
恕道與大同	張　起　鈞　著
現代存在思想家	項　退　結　著
中國思想通俗講話	錢　　穆　著
中國哲學史話	吳怡、張起鈞　著
中國百位哲學家	黎　建　球　著
中國人的路	項　退　結　著

中國哲學之路　　　　　　　　　　　　項　退　結　著
中國人性論　　　　　　　　　　　臺大哲學系主編
中國管理哲學　　　　　　　　　　　曾　仕　強　著
孔子學說探微　　　　　　　　　　　林　義　正　著
心學的現代詮釋　　　　　　　　　　姜　允　明　著
中庸誠的哲學　　　　　　　　　　　吳　　怡　著
中庸形上思想　　　　　　　　　　　高　柏　園　著
儒學的常與變　　　　　　　　　　　蔡　仁　厚　著
智慧的老子　　　　　　　　　　　　張　起　鈞　著
老子的哲學　　　　　　　　　　　　王　邦　雄　著
當代西方哲學與方法論　　　　　　臺大哲學系主編
人性尊嚴的存在背景　　　　　　　　項　退　結　編訂
理解的命運　　　　　　　　　　　　殷　　鼎　著
馬克斯‧謝勒三論　　　阿弗德‧休慈原著、江日新　譯
懷海德哲學　　　　　　　　　　　　楊　士　毅　著
海德格與胡塞爾現象學　　　　　　　張　燦　輝　著
洛克悟性哲學　　　　　　　　　　　蔡　信　安　著
伽利略‧波柏‧科學說明　　　　　　林　正　弘　著
儒家與現代中國　　　　　　　　　　韋　政　通　著
思想的貧困　　　　　　　　　　　　韋　政　通　著
近代思想史散論　　　　　　　　　　龔　鵬　程　著
魏晉清談　　　　　　　　　　　　　唐　翼　明　著
中國哲學的生命和方法　　　　　　　吳　　怡　著
孟學的現代意義　　　　　　　　　　王　支　洪　著
孟學思想史論（卷一）　　　　　　　黃　俊　傑　著
莊老通辨　　　　　　　　　　　　　錢　　穆　著
墨家哲學　　　　　　　　　　　　　蔡　仁　厚　著
柏拉圖三論　　　　　　　　　　　　程　石　泉　著
倫理學釋論　　　　　　　　　　　　陳　　特　著
儒道論述　　　　　　　　　　　　　吳　　光　著
新一元論　　　　　　　　　　　　　呂　佛　庭　著

宗教類

佛教思想發展史論　　　　　　　　　楊　惠　南　著
佛教思想的傳承與發展
　　——印順導師九秩華誕祝壽文集　釋　恒　清　主編

佛經成立史 　　　　　　　　　　水野弘元著、劉欣如譯
圓滿生命的實現（布施波羅密）　　陳　柏　達　著
舊菌林・外集 　　　　　　　　　　陳　慧　劍　著
維摩詰經今譯 　　　　　　　　　　陳　慧　劍　譯註
龍樹與中觀哲學 　　　　　　　　　楊　惠　南　著
公案禪語 　　　　　　　　　　　　吳　　怡　　著
禪學講話 　　　　　　　　　　　　芝峰法師　譯
禪骨詩心集 　　　　　　　　　　　巴　壺　天　謙　著譯
中國禪宗史 　　　　　　　　　　　關　世　謙　譯
魏晉南北朝時期的道教 　　　　　　湯　一　介　著
佛學論著 　　　　　　　　　　　　周　中　一　著
當代佛教思想展望 　　　　　　　　楊　惠　南　著
臺灣佛教文化的新動向 　　　　　　江　燦　騰　著
釋迦牟尼與原始佛教 　　　　　　　于　凌　波　著
唯識學綱要 　　　　　　　　　　　于　凌　波　著
從印度佛教到中國佛教 　　　　　　冉　雲　華　著
中印佛學泛論
　　——傅偉勳教授六十大壽祝壽論文集　藍　吉　富　主編
禪史與禪思 　　　　　　　　　　　楊　惠　南　著

社會科學類

中華文化十二講 　　　　　　　　　錢　　穆　　著
民族與文化 　　　　　　　　　　　錢　　穆　　著
楚文化研究 　　　　　　　　　　　文　崇　一　著
中國古文化 　　　　　　　　　　　文　崇　一　著
社會、文化和知識分子 　　　　　　葉　啟　政　著
儒學傳統與文化創新 　　　　　　　黃　俊　傑　著
歷史轉捩點上的反思 　　　　　　　韋　政　通　著
中國人的價值觀 　　　　　　　　　文　崇　一　著
奉天承運
　　——古代中國的「國家」概念及其正當性基礎　王　健　文　著
紅樓夢與中國舊家庭 　　　　　　　薩　孟　武　著
社會學與中國研究 　　　　　　　　蔡　文　輝　著
比較社會學 　　　　　　　　　　　蔡　文　輝　著
我國社會的變遷與發展 　　　　　　朱　岑　樓　主編
三十年來我國人文及社會科學之回顧與展望　賴　澤　涵　主編

社會學的滋味　　　　　　　　　　　　　　蕭　新　煌　著
臺灣的國家與社會　　　　　　　徐正光、蕭新煌主編
臺灣的社區權力結構　　　　　　　　　　　文　崇　一　著
臺灣居民的休閒生活　　　　　　　　　　　文　崇　一　著
臺灣的工業化與社會變遷　　　　　　　　　文　崇　一　著
臺灣社會的變遷與秩序（政治篇）、（社會文化篇）　文　崇　一　著
鄉村發展的理論與實際　　　　　　　　　　蔡　宏　進　著
臺灣的社會發展　　　　　　　　　　　　　席　汝　楫　著
透視大陸　　　　　　　　　政治大學新聞研究所主編
寬容之路
　　── 政黨政治論集　　　　　　　　　　謝　延　庚　著
憲法論衡　　　　　　　　　　　　　　　　荊　知　仁　著
周禮的政治思想　　　　　　　　周世輔、周文湘　著
儒家政論衍義　　　　　　　　　　　　　　薩　孟　武　著
制度化的社會邏輯　　　　　　　　　　　　葉　啟　政　著
臺灣社會的人文迷思　　　　　　　　　　　葉　啟　政　著
臺灣與美國的社會問題　　　　　　蔡文輝、蕭新煌主編
自由憲政與民主轉型　　　　　　　　　　　周　陽　山　著
蘇東巨變與兩岸互動　　　　　　　　　　　周　陽　山　著
教育叢談　　　　　　　　　　　　　　　　上官業佑　著
不疑不懼　　　　　　　　　　　　　　　　王　洪　鈞　著
戰後臺灣的教育與思想　　　　　　　　　　黃　俊　傑　著
太極拳的科學觀　　　　　　　　　　　　　馬　承　九編著
兩極化與分寸感
　　── 近代中國精英思潮的病態心理分析　　劉　笑　敢　著
唐人書法與文化　　　　　　　　　　　　　王　元　軍　著
C 理論 ── 易經管理哲學　　　　　　　　成　中　英　著

史地類

國史新論　　　　　　　　　　　　錢　　　穆　　　著
秦漢史　　　　　　　　　　　　　　錢　　　穆　　　著
秦漢史論稿　　　　　　　　　　　邢　義　田　　　著
宋史論集　　　　　　　　　　　　陳　學　霖　　　著
宋代科舉　　　　　　　　　　　　賈　志　揚　　　著
中國人的故事　　　　　　　　　　夏　雨　人　　　著
明朝酒文化　　　　　　　　　　　王　春　瑜　　　著

劉伯溫與哪吒城
　　——北京建城的傳說　　　　　　　　陳　學　霖　著
歷史圈外　　　　　　　　　　　　　　　朱　桂　　著
歷史的兩個境界　　　　　　　　　　　　杜　維　運　著
近代中國變局下的上海　　　　　　　　　陳　三　井　編著
當代佛門人物　　　　　　　　　　　　　陳　慧　劍　編著
弘一大師傳　　　　　　　　　　　　　　陳　慧　劍　著
杜魚庵學佛荒史　　　　　　　　　　　　陳　慧　劍　著
蘇曼殊大師新傳　　　　　　　　　　　　劉　心　皇　著
近代中國人物漫譚　　　　　　　　　　　王　覺　源　著
近代中國人物漫譚續集　　　　　　　　　王　覺　源　著
魯迅這個人　　　　　　　　　　　　　　劉　心　皇　著
沈從文傳　　　　　　　　　　　　　　　凌　　宇　著
三十年代作家論　　　　　　　　　　　　姜　　穆　著
三十年代作家論續集　　　　　　　　　　姜　　穆　著
當代臺灣作家論　　　　　　　　　　　　何　　欣　著
史學圈裏四十年　　　　　　　　　　　　李　雲　漢　著
師友風義　　　　　　　　　　　　　　　鄭　彥　棻　著
見賢集　　　　　　　　　　　　　　　　鄭　彥　棻　著
思齊集　　　　　　　　　　　　　　　　鄭　彥　棻　著
懷聖集　　　　　　　　　　　　　　　　鄭　彥　棻　著
憶夢錄　　　　　　　　　　　　　　　　呂　佛　庭　著
古傑英風
　　——歷史傳記文學集　　　　　　　　萬　登　學　著
走向世界的挫折
　　——郭嵩燾與道咸同光時代　　　　　汪　榮　祖　著
周世輔回憶錄　　　　　　　　　　　　　周　世　輔　著
三生有幸　　　　　　　　　　　　　　　吳　相　湘　著
孤兒心影錄　　　　　　　　　　　　　　張　國　柱　著
我這半生　　　　　　　　　　　　　　　毛　振　翔　著
我是依然苦鬥人　　　　　　　　　　　　毛　振　翔　著
八十憶雙親・師友雜憶（合刊）　　　　　錢　　穆　著
烏啼鳳鳴有餘聲　　　　　　　　　　　　陶　百　川　著

語文類

標點符號研究　　　　　　　　　　　　　楊　　遠　編著

訓詁通論	吳孟復	著
翻譯偶語	黃文範	著
翻譯新語	黃文範	著
翻譯散論	張振玉	著
中文排列方式析論	司　琦	著
杜詩品評	楊慧傑	著
詩中的李白	楊慧傑	著
寒山子研究	陳慧劍	著
司空圖新論	王潤華	著
詩情與幽境 　　—— 唐代文人的園林生活	侯迺慧	著
歐陽修詩本義研究	裴普賢	著
品詩吟詩	邱燮友	著
談詩錄	方祖燊	著
情趣詩話	楊光治	著
歌鼓湘靈 　　—— 楚詩詞藝術欣賞	李元洛	著
中國文學鑑賞舉隅	黃慶萱、許家鸞	著
中國文學縱橫論	黃維樑	著
漢賦史論	簡宗梧	著
古典今論	唐翼明	著
亭林詩考索	潘重規	著
浮士德研究	李辰冬	著
十八世紀英國文學 　　—— 諷刺詩與小說	宋美璨	著
蘇忍尼辛選集	劉安雲	譯
文學欣賞的靈魂	劉述先	著
小說創作論	羅　盤	著
小說結構	方祖燊	著
借鏡與類比	何冠驥	著
情愛與文學	周伯乃	著
鏡花水月	陳國球	著
文學因緣	鄭樹森	著
解構批評論集	廖炳惠	著
細讀現代小說	張素貞	著
續讀現代小說	張素貞	著

現代詩學	蕭蕭 著
詩美學	李元洛 著
詩人之燈　——詩的欣賞與評論	羅青 著
詩學析論	張春榮 著
修辭散步	張春榮 著
修辭行旅	張春榮 著
橫看成嶺側成峯	文曉村 著
大陸文藝新探	周玉山 著
大陸文藝論衡	周玉山 著
大陸當代文學掃描	葉穉英 著
走出傷痕　——大陸新時期小說探論	張子樟 著
大陸新時期小說論	張放 著
大陸新時期文學（1976－1989）　——理論與批評	唐翼明 著
兒童文學	葉詠琍 著
兒童成長與文學	葉詠琍 著
累廬聲氣集	姜超嶽 著
林下生涯	姜超嶽 著
青　春	葉蟬貞 著
牧場的情思	張媛媛 著
萍踪憶語	賴景瑚 編著
現實的探索	陳銘磻 著
一縷新綠	柴扉 著
金排附	鍾延豪 著
放　鷹	吳錦發 著
黃巢殺人八百萬	宋澤萊 著
泥土的香味	彭瑞金 著
燈下燈	蕭蕭 著
陽關千唱	陳煌 著
種　籽	向陽 著
無緣廟	陳艷秋 著
鄉　事	林清玄 著
余忠雄的春天	鍾鐵民 著
吳煦斌小說集	吳煦斌

卡薩爾斯之琴	葉石濤 著
青囊夜燈	許振江 著
我永遠年輕	唐文標 著
思想起	陌上塵 著
心酸記	李喬 著
孤獨園	林蒼鬱 編
離　訣	林文鬱 著
托塔少年	卜貴欽 著
北美情逅	李希聖 著
日本歷史之旅	洛夫 著
孤寂中的迴響	趙衛民 著
火天使	張默 著
無塵的鏡子	
關心茶 　　—— 中國哲學的心	吳怡 著
放眼天下	陳新雄 著
生活健康	卜鍾元 著
文化的春天	王保雲 著
思光詩選	勞思光 著
靜思手札	黑野 著
狡兔歲月	黃和英 著
老樹春深更著花	畢璞 著
列寧格勒十日記	潘重規 著
文學與歷史 　　—— 胡秋原選集第一卷	胡秋原 著
晚學齋文集	黃錦鋐 著
天山明月集	童山 著
古代文學精華	郭丹 著
山水的約定	葉維廉 著
明天的太陽	許文廷 著
在天願作比翼鳥 　　—— 歷代文人愛情詩詞曲三百首	李元洛 輯注
千葉紅芙蓉 　　—— 歷代民間愛情詩詞曲三百首	李元洛 輯注
鳴酬叢編	李飛鵬 編纂